ジャックダニエルの料理本

ジャック　ダニエルをフィーチャーした　100　以上のレシピで、テネシー州の大胆で独特な味を解き放ちましょう。スモーキーなバーベキューから甘いデザートまで、その中間のものすべて

知実　廣川

目次

目次 3

序章 9

朝食 10

1. ジャックダニエルのチキン＆ワッフル 11

2. ジャックダニエル ピーチフレンチトースト 14

3. ウィスキーパンケーキ 17

4. ウィスキーグレーズブレックファストハム.................20

5. ウイスキーフレンチトースト 22

6. ウィスキーベーコン 24

7. ウィスキーシナモンロール 26

8. ウィスキーピーチパンケーキ 28

9. ウィスキーバナナブレッド 30

10. ウィスキーグレーズベーコンエッグサンドイッチ 32

11. ウィスキーバナナパンケーキ 34

12. ジャックダニエルのデビルエッグ 36

おやつ 38

13. ロッキーロードファッジバーズ 39

14. ジャックダニエルブラウニー 41

15. チョコレートチャンク・ジャックダニエル・クッキー 44

16. ジャックダニエルのエビマリネ 47

17. パンプキンジャックダニエルマフィン 49

18. ジャックダニエルの BBQ ポップコーン 51

19. ジャックダニエルのハニーマスタードディップ 53

20. ウィスキーチョコレートトリュフ 55

21. ジャックダニエルのグレーズドナッツ 57

22. ジャックダニエルのチェダービスケット 59

23. デーツのウィスキーベーコン包み 61

24. ウィスキーチーズディップ 63

25. ウィスキーキャラメルポップコーン 65

26. ウイスキーマスタードプレッツェル 67

27. ウィスキーソーセージロール 69

メイン 71

28. ジャックダニエル　ビーフジャーキー 72

29. ジャックダニエルのフランクステーキ 74

30. ジャックダニエルのチャックローストグリル 76

31. サーロインステーキ　ベイリーズとジャックダニエルソース 78

32. 豚肉のレモングラス焼き 81

33. スコットランドのハギス 83

34. ジャックダニエルのベーコンマックンチーズ 86

35. 鶏胸肉のパッションフルーツソース 89

36. バーボンバーベキューチキン 91

37. ポークのハニーブルボン焼き 93

38. スコットランドのミートボール 96

39. チキンのベーコン巻き バーボンソース添え 98

40. ジャックダニエルの BBQ リブ 100

41. ジャックダニエルのリブアイステーキ 102

42. ジャックダニエルのハニーマスタードチキン 104

43. ジャックダニエルのグレーズドサーモン 106

44. ジャックダニエルのプルドポーク 108

45. ジャックダニエルのシュリンプベーコン巻き 110

46. ジャックダニエルチリ 112

47. ジャックダニエルの手羽先 114

48. ジャックダニエルの BBQ ミートボール 116

49. ジャックダニエルのベイクドビーンズ 118

デザート **120**

50. ジャックダニエルのチョコレートアイスクリーム 121

51. ジャックダニエルのチョコレートロールアイスクリーム 123

52. ジャックダニエル スモークイチジクアイスクリーム 125

53. オールドファッションアイスクリーム 128

54. エッグノッグフローズンカスタード 130

55. ゆず抹茶ティラミス 133

56. ジャックダニエルのコーヒーパイ 136

57. アイリッシュクリームコーヒーボム 139

58. 赤、白、ブルーベリーのチーズケーキアイスキャンディー 141

59. スイートクリームブランケーキ 144

60. ミニジャックダニエルチョコレートケーキ 146

61. シュガークッキーマグケーキ 148

62. キャラメルジャックダニエルフォンデュ 150

63. マンゴーとジャックダニエルのパフェ 152

64. ジャックダニエルのティラミス 155

65. ティラミスウーピーパイ 157

66. アップルファンタジーデザート 161

67. ミニオレンジ＆サフランケーキ 163

68. 花とジャックダニエルのムース 166

69. マカダミアジャックダニエルのムースパイ 168

70. キャラメルジャックダニエルフォンデュ 172

調味料 174

71. ウィンディシティ ストリートファイターソース 175

72. ジョーカーソース 177

73. ジャックダニエルの中華ソース 179

74. ウィスキーソーセージグレービーソース 181

75. ジャックダニエルのマスタード 183

76. ジャックダニエルのチポトレケチャップ 185

77. ジャックダニエルのガーリックアイオリ 187

78. ジャックダニエルのホットソース 189

79. ジャックダニエルのメープルグレーズ 191

80. ジャックダニエルのバーベキューラブ 193

81. ジャックダニエルのステーキソース 195

82. ジャックダニエルのホースラディッシュソース 197

83. ジャックダニエルのハニーマスタード 199

84. ジャックダニエルのアイオリ 201

85. ジャックダニエルのビネグレット 203

86. ジャックダニエルのタルタルソース 205

87. ジャックダニエルのクランベリーソース 207

88. ジャックダニエルのキャラメルソース 209

89. ジャックダニエルの BBQ ソース 211

ドリンクとカクテル **213**

90. サフラン・オールド・ファッションド 214

91. ジャックダニエルのボバカクテル 216

92. スパークリングパンプキンパイカクテル 218

93. バジルハラペーニョケフィアカクテル 220

94. ジャックダニエルアイスティー 222

95. ティラミス・ジャックダニエルカクテル 224

96. ジャックダニエルのピーチスムージー 226

97. ジャックダニエルのバナナスムージー 228

98. ジャックダニエルのブルーベリースムージー 230

99. ジャックダニエルのチョコレートスムージー 232

100. ジャックダニエルのストロベリースムージー 234

結論 **236**

序章

ジャック ダニエル クックブックへようこそ！ 大胆で風味豊かな料理のファンなら、ぜひご賞味ください。この料理本には、ジャック ダニエル ウイスキーの紛れもない味わいが詰まった 100 のおいしいレシピが満載です。

あなたが経験豊富な家庭料理人であろうと、キッチンの初心者であろうと、この料理本は誰にとっても役立つものです。前菜からメインディッシュ、デザートまで、食欲をそそるオプションが豊富に揃っています。そしてもちろん、どの料理にもジャック ダニエルの特徴的なキックが入っています。

バーベキュープルドポークやフライドチキンなどの伝統的な南部レシピだけでなく、ウイスキーをかけてサーモンやハニーウイスキーをかけてニンジンなどのユニークな料理も含めました。そしてデザートもお忘れなく！ウィスキー入りのピーカンパイやチョコレートウィスキーケーキはきっと気に入っていただけるでしょう。

ウイスキーを使った料理は最初は怖く思えるかもしれませんが、ご心配なく。この料理本では、ジャック ダニエルを料理に使用する際に知っておくべきことをすべて説明します。料理にウイスキーを適切に注入する方法と、完璧な味を実現するためのフレーバーのバランスをとる方法を学びます。

朝食

1. ジャックダニエルのチキン＆ワッフル

材料

ワッフル

- 卵 2 個
- 小麦粉 2 カップ
- ジャックダニエル 1 カップ
- 牛乳 3/4 カップ
- 植物油 1/2 カップ
- ベーキングパウダー 大さじ 1
- 塩 1 つまみ

鶏

- チキンピース 2 ポンド
- ジャックダニエル 1 カップ
- ホットソース 大さじ 2
- 塩とコショウ
- 小麦粉 1 カップ
- フライ用油

手順

a) 鶏肉をジャックダニエル、ホットソース、塩、コショウと混ぜます。

b) 少なくとも 1 時間、最大 8 時間冷蔵します。

c) ワッフルの材料をすべて混ぜ合わせ、混ぜ合わせます。

d) パッケージの説明書に従ってワッフルメーカーでワッフルを作ります。

e) フライヤーまたは重いダッチオーブンで揚げ油を 375 度に予熱します。

f) 鶏肉をマリネから濾し、小麦粉をまぶしてまぶします。塩とコショウで味付けします。

g) 鶏肉を数回に分けて、こんがり焼き色がつき、火が通るまで約 15 分間炒めます。

h) 盛り付けるには、各プレートにワッフルを数枚とチキンを重ねます。

2. ジャックダニエル ピーチフレンチトースト

構成数：12 個

材料
フレンチトースト：
- フランスパン 1 斤
- 卵 7 個
- 牛乳 1 1/2 カップ
- 砂糖 1/3 カップ
- バニラ 小さじ 1
- シナモン 小さじ 1

ピーチトッピング:
- 桃 6 個 種を取り、スライスする
- 砂糖 大さじ 1
- シナモン 小さじ 1

ソーストッピング:
- 溶かしバター 1/3 カップ
- ブラウンシュガー 1/2 カップ
- 砂糖 1/3 カップ
- バニラ 小さじ 1
- シナモン 小さじ 1
- ジャックダニエル 1/2 カップ

手順

a) フランスパンを約 1/2〜3/4 インチのスライスに切ります。

b) 油を塗った 9 X 13 インチのガラス製ベーキングパンの底にスライスを並べます。

c) 卵、牛乳、バニラ、シナモンを混ぜ合わせます。

d) 卵液をパンの上に均等に注ぎます。

e) 桃をボウルに入れ、砂糖とシナモンをまぶします。

f) フランスパンの上に桃を並べます。

g) 蓋をして一晩 8 時間冷蔵庫で冷やします。

h) 朝、オーブンを 350 度に予熱します。

i) フレンチトーストをオーブンに入れ、パンが茶色になり始めるまで約 35 分間焼きます。

j) フレンチトーストを焼いている間にトッピングのソースを準備します。

k) 小さな鍋にバター1/3℃を溶かします。

l) ブラウンシュガーと白砂糖、ジャックダニエル、バニラ、シナモンを混ぜます。

m)　食べる前にフレンチトーストに温かいソースをかけてください。

3. ウィスキーパンケーキ

1 回分: 10 回分

材料

- 小麦粉 2 カップ
- ベーキングパウダー 小さじ 2
- 重曹 小さじ 1/2
- 塩 大さじ 1/2
- 砂糖 大さじ 2
- ブラウンシュガー 大さじ 2
- 植物性ミルク 2 カップ*
- リンゴ酢 小さじ 2
- 亜麻仁粉末 大さじ 2
- コーンスターチ 大さじ 2
- 水 1/4 カップ
- 植物油 大さじ 1
- ウイスキー 1/2 カップ
- ココナッツオイル 小さじ 2〜3

手順

a) ミキシングボウルに小麦粉、ベーキングパウダー、重曹、塩、砂糖を入れて混ぜます。かき混ぜて混ぜ合わせます。脇に置いておきましょう。

b) 別のボウルに植物性ミルク、リンゴ酢、粉末亜麻仁、コーンスターチ、水、植物油を入れて混ぜます。かき混ぜて混ぜ合わせます。

c) 植物性ミルク混合物を小麦粉混合物に徐々に加え、ちょうど結合するまでかき混ぜます。生地に多少のダマがあっても大丈夫です。ウイスキーを加えてかき混ぜます。

d) 大きなフライパンを中火から中火にかけて加熱します。ココナッツオイルを少し加えます（小さじ半分またはフライパンに入れるなど）。溶けたら必ずパンを覆ってください。加熱したフライパンに一度に約 4 分の 1 カップの生地を注ぎます。パンケーキが泡立ち、端が持ち上がるまで片面を焼きます。それはパンケーキをひっくり返す合図です。スパチュラを使ってパンケーキを裏返します。

e) 反対側もきつね色になるまで焼きます。すべてのパンケーキが完成するまで、残りの生地を続けます。

f) ビーガンバターとメープルシロップを添えてお召し上がりください。

4. ウィスキーグレーズブレックファストハム

材料

ハム小 1 個
ブラウンシュガー　1/2 カップ
蜂蜜　1/4 カップ
ジャックダニエルウイスキー　1/4 カップ
ディジョンマスタード　大さじ 2
挽いたシナモン　小さじ 1/2

手順

オーブンを　350°F (175℃)　に予熱します。

ミキシングボウルに、ブラウンシュガー、ハチミツ、ジャックダニエルウイスキー、ディジョンマスタード、シナモンパウダーを入れて混ぜ合わせます。

ハムをグラタン皿に置き、ハムの上にウイスキーグレーズを刷毛で塗ります。

オーブンで 30〜40 分間、またはハムに火が通ってグレーズがキャラメル化するまで焼きます。

スライスして提供する前に、ハムを数分間休ませてください。

5. ウイスキーフレンチトースト

材料

食パン　6 枚
卵　3 個
牛乳　1/2 カップ
ジャックダニエルウイスキー　1/4 カップ
ブラウンシュガー　大さじ 2
粉末シナモン　小さじ 1
料理用バター

手順

ミキシングボウルに卵、牛乳、ジャックダニエルウイスキー、ブラウンシュガー、シナモンパウダーを入れて混ぜ合わせます。
パンの各スライスを卵混合物に浸し、両面をコーティングします。
フライパンにバターを少し入れて中火にかけて溶かします。
パンのスライスをフライパンで片面 2～3 分、またはきつね色になるまで焼きます。
メープルシロップや新鮮なベリーなど、お好みのトッピングを添えて温かいうちにお召し上がりください。

6. ウィスキーベーコン

材料

ベーコン　8 枚
ジャックダニエルウイスキー　1/4 カップ
ブラウンシュガー　大さじ 2

手順

オーブンを　400°F (200°C)　に予熱します。

ミキシングボウルにジャックダニエルウイスキーとブラウンシュガーを入れて混ぜ合わせます。

ベーコンの各スライスをウイスキー混合物に浸し、両面をコーティングします。

クッキングシートを敷いた天板にベーコンのスライスを置きます。

オーブンで 15〜20 分間、またはベーコンがカリカリになってキャラメル状になるまで焼きます。

おかずとして、または朝食のサンドイッチの一部として温かいままお召し上がりください。

7. ウィスキーシナモンロール

材料

冷蔵シナモンロール　1 缶
ジャックダニエルウイスキー　1/4 カップ
ブラウンシュガー　大さじ 2

手順

オーブンを 375°F (190°C) に予熱します。

シナモンロールを広げ、クッキングシートを敷いた天板に置きます。

ミキシングボウルにジャックダニエルウイスキーとブラウンシュガーを入れて混ぜ合わせます。

ウィスキー混合物をシナモンロールの上に刷毛で塗ります。

オーブンで 15〜20 分間、またはシナモンロールがきつね色になり火が通るまで焼きます。

付属のアイシングで温かいままお召し上がりいただくか、お手持ちのウィスキーグレーズをかけてお召し上がりください。

8. ウィスキーピーチパンケーキ

材料

中力粉　1 カップ
砂糖　大さじ 2
ベーキングパウダー　小さじ 2
塩　小さじ 1/4
卵 1 個
牛乳　1 カップ
ジャックダニエルウイスキー　1/4 カップ
角切りにした桃　1/2 カップ

手順

ボウルに小麦粉、砂糖、ベーキングパウダー、塩を入れて混ぜ合わせます。
別のミキシングボウルに卵、牛乳、ジャックダニエルウイスキー、角切りにした桃を入れて混ぜ合わせます。
湿った材料を乾いた材料に注ぎ、ちょうど混ざるまでかき混ぜます。
フライパンを中火にかけ、バターを溶かします。
5. パンケーキごとに 1/4 カップの生地をフライパンに注ぎます。
パンケーキを片面 2〜3 分、またはきつね色になって火が通るまで焼きます。
ホイップクリームや角切りの桃など、お好みのトッピングを添えて温かいうちにお召し上がりください。

9. ウィスキーバナナブレッド

材料

熟したバナナ　2 本（潰す）

砂糖　1/2 カップ

植物油　1/4 カップ

ジャックダニエルウイスキー　1/4 カップ

卵 1 個

バニラエッセンス　小さじ 1

重曹　小さじ 1

塩　小さじ 1/4

中力粉　1 1/2 カップ

手順

オーブンを　350°F (175℃)　に予熱します。

ミキシングボウルに、潰したバナナ、砂糖、植物油、ジャックダニエルウイスキー、卵、バニラエッセンスを入れて混ぜ合わせます。

別のミキシングボウルで、重曹、塩、中力粉を一緒に泡立てます。

湿った材料を乾いた材料に注ぎ、ちょうど混ざるまでかき混ぜます。

油を塗ったパン型に生地を注ぎます。

オーブンで 50〜60 分間、または中央に爪楊枝を差し込んできれいになるまで焼きます。

パンを数分間冷ましてから、スライスしてお召し上がりください。

10. ウィスキーグレーズベーコンエッグサンドイッチ

材料

ベーコン 4 枚
卵 2 個
イングリッシュマフィン 2 個（割ってトーストしたもの）
ジャックダニエルウイスキー 1/4 カップ
ブラウンシュガー 大さじ 2
塩とコショウの味

手順

フライパンを中火にかけ、ベーコンをカリカリになるまで炒めます。
別のフライパンを中火にかけ、卵をお好みの量に焼きます。
ミキシングボウルにジャックダニエルウイスキーとブラウンシュガーを入れて混ぜ合わせます。
ベーコンの各スライスをウイスキー混合物に浸し、両面をコーティングします。
トーストしたイングリッシュマフィンの半分に、ウィスキーをまぶしたベーコンのスライスと調理した卵を乗せてサンドイッチを組み立てます。
塩とコショウで味を調えます。
温かいままお召し上がりください。

11. ウィスキーバナナパンケーキ

材料

熟したバナナ 1 本（潰す）
中力粉 1/2 カップ
ベーキングパウダー 小さじ 1/2
塩 小さじ 1/4
卵 1 個
牛乳 1/4 カップ
ジャックダニエルウイスキー 1/4 カップ
料理用バター

手順

ミキシングボウルに、潰したバナナ、中力粉、ベーキングパウダー、塩を入れて混ぜ合わせます。

別のミキシングボウルに卵、牛乳、ジャックダニエルウイスキーを入れて混ぜ合わせます。

湿った材料を乾いた材料に注ぎ、ちょうど混ざるまでかき混ぜます。

フライパンを中火にかけ、バターを溶かします。

パンケーキごとに 1/4 カップの生地をフライパンに注ぎます。

6. パンケーキを片面 2〜3 分、またはきつね色になって火が通るまで焼きます。

スライスバナナやメープルシロップなどお好みのトッピングを添えて、温かいうちにお召し上がりください。

12. ジャックダニエルのデビルエッグ

材料

ゆで卵　6 個（皮をむく）
マヨネーズ　1/4 カップ
ジャックダニエルウイスキー　大さじ 1
パプリカ　小さじ 1/4
塩とコショウの味

手順

卵を縦半分に切り、黄身を取り除きます。
ボウルの中で、卵黄をフォークで潰します。
ボウルにマヨネーズ、ウイスキー、パプリカ、塩、コショウを加え、滑らかになる
まで混ぜます。
スプーンで卵白に混ぜます。
お召し上がりになる前に冷蔵庫で少なくとも 30 分冷やしてください。

おやつ

13. ロッキー ロード ファッジ バー

作ります：10 個

材料

- 卵 3 個
- 全乳 1 カップ
- ジャックダニエル 1/2 カップ
- 10 枚切り 厚切り食パン
- シナモン 小さじ 1/2
- ナツメグ 小さじ 1/2
- バニラ 小さじ 1
- バター 大さじ 2

手順

a) 卵、牛乳、ジャックダニエル、バニラ、ナツメグを平らなキャセロール皿に入れて混ぜ合わせます。

b) フライパンにバターを中火で溶かします。

c) パンの両面を牛乳混合物に浸し、パンに牛乳とジャックダニエルを染み込ませます。

d) 熱したフライパンに食パンを入れて両面に焼き色をつける。

e) バター、メープルシロップ、粉砂糖などお好みのトッピングを追加してください

14. ジャックダニエルブラウニー

生産数: 16

材料

- 無塩バター　1/2　スティックを溶かす
- グラニュー糖　3/4 カップ
- ジャックダニエル　1/3 カップ
- バニラエッセンス　小さじ 2
- インスタントコーヒー顆粒　大さじ 1+小さじ 1 と 1/2
- 大きな卵　2 個
- ココアパウダー　1/2 カップと　1/3 カップ
- 中力粉　1/2 カップ
- 挽いたシナモン　小さじ 1/2
- セミスイートチョコレートチップ　1/2 カップ

提供のオプション:

- ココアパウダー　小さじ 1
- セミスイートチョコレートチップ　大さじ 2

手順

a) オーブンを 350*F に予熱し、8x8 のグラタン皿にクッキングシートを敷き、脇に置きます。

b) 中くらいのボウルにバター、砂糖、ジャックダニエル、バニラエッセンス、インスタントコーヒーを入れてコーヒーが溶けるまで混ぜ合わせます。

c) 卵を一つずつ加えて混ぜ合わせます。

d) 濡れた材料の入ったボウルの上にふるいを置き、ココアパウダー、小麦粉、シナモンをふるいにかけます。ふるいの中に残った塊は捨ててください。乾燥した材料を湿ったものに混ぜます。

e) 1/2 カップのチョコレートチップを混ぜると、生地が厚くなります。

f) 用意しておいた天板に生地を均等に広げます。

g) ブラウニーが固まるまで 20〜23 分間焼きます。

h) 完全に冷めてから、クッキングシートを使ってブラウニーを型から持ち上げます。

i) 16 個の正方形に切ります。

j) 使用する場合は、冷ましてカットしたブラウニーに小さじ 1 杯のココアパウダーをそっと振りかけます。

k) 続いて、溶かしたチョコレートを注ぎます。残りの大さじ 2 杯のチョコレートチップを電子レンジ対応のボウルに 1 分間置き、チョコレートチップが完全に溶けるまでかき混ぜ、フォークまたはスプーンを使ってカットしたブラウニーの上に注ぎます。

l) すぐにお召し上がりいただくか、室温で 3 〜 5 日間保存してください。

15. チョコレートチャンク-ジャックダニエル-クッキー

作る量：クッキー30 枚

材料
- 16 オンスの中力粉
- ベーキングパウダー　小さじ 1
- コーシャーソルト　小さじ 1 1/2
- シナモンパウダー　小さじ 2
- 無塩バター　11 オンス（室温）
- 12 オンスのグラニュー糖
- 純粋なバニラエキス　小さじ 2
- 大きな卵　2 個
- ジャックダニエル　1/2 カップ ＋ 大さじ 2
- 6 オンスのビタースウィートチョコレート、粗く刻んだもの

手順
a) ベーキングシート 2 枚にクッキングシートを敷き、オーブンを 350 度 F に予熱します。

b) 小麦粉、ベーキングパウダー、塩、シナモンを一緒にふるいにかけます。

c) パドルアタッチメントを備えたスタンドミキサーで、バターと砂糖を高速で軽くふわふわになるまでクリーム状にします。

d) バニラを加え、速度を低速にします。卵を 1 つずつ加え、続いてジャックダニエルを加えます。

e) 次に、小麦粉混合物をゆっくりと加えます。最後にほろ苦いチョコレートを加え、ちょうど混ざるまで混ぜます。

f) 大さじ 2 杯のスクープを使用して、用意したベーキングシートの上にクッキーを分けます。

g) 15 分間冷やしてから、10〜13 分間、または少し焼きが足りないように見えるまで焼きます。

h) 5 分間冷ました後、ワイヤーラックに移して冷却を完了します。

16. ジャックダニエルのエビのマリネ

製造数: 4

材料

- 殻をむいて背わたを取り除いた生のジャンボエビ 1 ポンド
- 木串 8 本
- ラムクリーム 1/4 カップ
- 鶏肉の調味料 大さじ 2
- クッキングスプレー

手順

a) エビを木の串に刺します。容器に入れてラムクリームを塗ります。冷蔵庫で 3〜4 時間マリネします。

b) 屋外用グリルを強火で予熱し、焼き網に軽く油を塗ります。

c) ラムクリームを注ぎます。エビに鶏肉の調味料をまぶします。クッキングスプレーなどでスプレーします。

d) エビがピンク色になるまで片面約 3 分ずつグリルします。

17. パンプキンジャックダニエルマフィン

出来上がり量: 1 回分

材料

- カシューナッツ粉またはアーモンド粉 1/4 カップ
- ココナッツ粉 大さじ 1
- 重曹 小さじ 1/4
- パンプキンパイスパイス 小さじ 1/4
- コーシャーソルトをひとつまみ
- 卵 1 個
- かぼちゃピューレ 大さじ 2
- ジャックダニエル 大さじ 2

手順

a) 小麦粉、重曹、スパイス、塩をボウルに入れて混ぜます。

b) 卵、かぼちゃ、ジャックダニエルを加え、よく混ざるまでかき混ぜます。

c) ラミキンにベーキングスプレーを塗ります。

d) 生地をラメキンに移し、表面を滑らかにし、膨らみ中心が固まるまで電子レンジで約 2 分加熱します。

e) ラミキンから取り出し、半分に切り、トーストします。

18. ジャックダニエルの BBQ ポップコーン

材料

ポップコーン粒 1/4 カップ

植物油 大さじ 2

無塩バター 大さじ 2

ジャックダニエル テネシーウイスキー 1/4 カップ

ブラウンシュガー 1/4 カップ

塩 小さじ 1/2

手順大きな鍋に油を入れて中火にかけます。ポップコーンの粒を加え、蓋をします。はじける音が遅くなったら火から下ろし、1 分間放置します。その間に、別の鍋にバターを中火にかけて溶かします。ジャックダニエル、ブラウンシュガー、塩を加え、砂糖が溶けるまでかき混ぜます。混合物をポップコーンの上に注ぎ、コーティングされるまでかき混ぜます。

19. ジャックダニエルのハニーマスタードディップ

ジャックダニエルのテネシーハニー 1/4 カップ
ディジョンマスタード 1/4 カップ
蜂蜜 大さじ 2
マヨネーズ 大さじ 2

手順すべての材料をボウルに入れ、滑らかになるまで混ぜます。プレッツェル、チキンテンダー、またはお好みのスナックと一緒にお召し上がりください。

20. <u>ウイスキーチョコレートトリュフ</u>

収量 12

材料

- ダークチョコレート　6 オンス（カカオ固形分 70％）
- 生クリーム　1/3 カップ
- 無塩バター　スティック　1/4
- ジャックダニエルウイスキー　大さじ 1

手順

a) クリームを小さな鍋に入れ、沸騰直前まで温めます。
b) 火から下ろし、混合物が滑らかでクリーミーになるまでかき混ぜながらチョコレートを加えます。バターを加えて混ぜ合わせます。
c) 最後にウイスキーを加えて混ぜ合わせます。
d) ラップで覆い、6 時間または一晩冷やします。
e) ココアパウダーをお皿に広げます。
f) 小さじ 1 の混合物を取り、ボールに丸めます。
g) 次に、ボールにココアパウダーを入れて転がし、コーティングします。
h) 1 時間または完全に固まるまで冷やします。

21. ジャックダニエルのグレーズドナッツ

ミックスナッツ（アーモンド、カシューナッツ、ピーカンナッツなど）　2 カップ

ジャックダニエルのテネシーハニー　1/4 カップ

蜂蜜　1/4 カップ

塩　小さじ 1/2

カイエンペッパー　小さじ 1/4

手順オーブンを 350°F に予熱します。大きなボウルにナッツ、ジャックダニエル、蜂蜜、塩、カイエンペッパーを入れて混ぜます。混合物をベーキングシートに広げ、時々かき混ぜながら 10〜12 分間焼きます。冷ましてお召し上がりください。

22. ジャックダニエルのチェダービスケット

中力粉　2 カップ

ベーキングパウダー　小さじ 2

塩　小さじ 1/2

カイエンペッパー　小さじ 1/4

冷やして角切りにした無塩バター　1/2　カップ

シュレッドチェダーチーズ　1 カップ

牛乳　1/2 カップ

ジャックダニエルのテネシーウイスキー　大さじ 2

手順

オーブンを 425°F に予熱します。大きなボウルに小麦粉、ベーキングパウダー、塩、カイエンペッパーを入れて混ぜ合わせます。パイストリーカッターまたは指を使用して、混合物が粗いパン粉のようになるまでバターをカットします。チェダーチーズを加えて混ぜます。別のボウルに牛乳とジャックダニエルを入れて混ぜ合わせます。湿った材料を乾燥した材料に加え、ちょうど結合するまでかき混ぜます。油を塗った天板に生地をスプーン一杯ずつ落とします。12〜15 分間、またはきつね色になるまで焼きます。

23. ウィスキーベーコン包みデーツ

材料：

16　メジュールデーツ

ベーコン 8 枚切り、半分に切る

ウイスキー　1/4 カップ

メープルシロップ　大さじ 1

手順：

オーブンを　375°F (190°C)　に予熱します。

デーツのそれぞれに小さなスリットを切り込み、種を取り除きます。

小さなボウルにウイスキーとメープルシロップを入れて混ぜ合わせます。

各デーツをベーコンの半分のスライスで包み、つまようじで固定します。

ベーコンで巻いたデーツをクッキングシートを敷いた天板に置きます。

デーツの上にウィスキーメープルグレーズを刷毛で塗ります。

ベーコンがカリカリになり、デーツがキャラメル状になるまで、15〜20 分間焼きます。

24. ウィスキーチーズディップ

材料：

8 オンスのクリームチーズ（柔らかくしたもの）

すりおろしたチェダーチーズ　1/2 カップ

ウイスキー　大さじ 2

ネギのみじん切り　大さじ 2

塩とコショウの味

手順：

ミキシングボウルでクリームチーズを滑らかになるまで混ぜます。

すりおろしたチェダーチーズ、ウィスキー、ネギを加えて混ぜます。

塩とコショウで味を調えます。

ウィスキーチーズのディップをクラッカー、プレッツェル、または野菜と一緒にお召し上がりください。

25. ウィスキーキャラメルポップコーン

材料：

はじけたポップコーン　8 カップ

無塩バター　1/2 カップ

ブラウンシュガー　1/2 カップ

コーンシロップ　1/4 カップ

ウイスキー　1/4 カップ

重曹　小さじ 1/2

塩味をお好みで

手順：

オーブンを　250°F (120℃)　に予熱します。

はじけたポップコーンを大きなミキシングボウルに入れます。

中くらいの鍋にバターを中火で溶かします。

ブラウンシュガー、コーンシロップ、ウィスキーを加えて混ぜます。

時々かき混ぜながら、沸騰するまで混合物を調理します。

火から下ろし、重曹と塩を加えてかき混ぜます。

キャラメル混合物をポップコーンの上に注ぎ、均一にコーティングするように投げます。

8.　クッキングシートを敷いた天板にポップコーンを広げます。

9.　ポップコーンがカリカリになり、キャラメルが固まるまで、15 分ごとにかき混ぜながら 45 分間焼きます。

10.　召し上がる前に冷ましてください。

26. ウイスキーマスタードプレッツェル

材料：

プレッツェル　2 カップ

ウイスキー　1/4 カップ

全粒マスタード　大さじ 2

蜂蜜　大さじ 2

バター　大さじ 2

ガーリックパウダー　小さじ 1/4

手順：

オーブンを　350°F (180°C)　に予熱します。

小さな鍋にウイスキー、マスタード、蜂蜜、バター、ガーリックパウダーを入れて溶けるまで中火で加熱します。

プレッツェルをミキシングボウルに入れ、その上にウイスキー混合物を注ぎます。プレッツェルがしっかりコーティングされるまで混ぜます。

コーティングしたプレッツェルを天板に広げ、10〜12 分間、またはカリカリになるまで焼きます。

お召し上がりになる前に冷ましてください。

27. ウィスキーソーセージロール

材料：

朝食用ソーセージ　1 ポンド

ウイスキー　1/4 カップ

パン粉　1/4 カップ

パセリのみじん切り　1/4 カップ

ガーリックパウダー　小さじ 1

塩とコショウの味

解凍したパイ生地　1 枚

手順：

オーブンを　400°F (200°C)　に予熱します。

ミキシングボウルに、朝食用のソーセージ、ウィスキー、パン粉、パセリ、ガーリックパウダー、塩、コショウを入れて混ぜます。

打ち粉をした台の上でパイ生地を伸ばし、8 等分の長方形に切ります。

ソーセージミックスを 8 等分し、それぞれをソーセージの形に成形します。

各ソーセージをパイ生地の長方形の上に置き、丸めて端を閉じます。

ソーセージロールをベーキングシートの上に置き、20〜25 分間、またはきつね色になり火が通るまで焼きます。

温かいままお召し上がりください。

メイン

28. ジャックダニエルのビーフジャーキー

- 2 ポンドのフランクステーキ
- 醤油 1/2 カップ
- ジャックダニエル 1/2 カップ
- ブラウンシュガー 1/4 カップ
- リキッドスモーク 大さじ 1
- 水 1/2 カップ
- ニンニク 4 片
- 挽きたての黒コショウ 大さじ 2
- 赤唐辛子 小さじ 1
- 白コショウ 小さじ 1
- オニオンパウダー 小さじ 1

a) マリネ液の材料をボウルに入れて混ぜ合わせます。肉をビニール袋または浅い皿に置き、その上にマリネを注ぎます。

b) 2 日ほどマリネします。時々かき混ぜてください。

c) 肉をオーブンの最低温度または食品乾燥機で、柔軟性がありながらも硬くなるまで乾燥させます。

29. ジャックダニエルのフランクステーキ

- 1 1/2 ポンドのフランクステーキ、厚さ約 1/2 インチ
- ジャックダニエル 1/4 カップ
- ニンニク 1 個（みじん切り）
- バター 大さじ 2
- ドライマスタード 小さじ 2
- 塩とコショウの味

a) 鋭いナイフでフランクステーキに深さ約 1/8 インチの切り込みを入れ、ダイヤモンド模様を作ります。

b) ニンニク、マスタード、ジャックダニエルを混ぜ合わせます。

c) ステーキとマリネを密閉可能な袋に入れ、冷蔵庫で（またはクーラーに入れて）一晩置きます。

d) ステーキを冷蔵庫（またはクーラー）から取り出し、グリルを予熱します。

e) 定期的にバターを塗りながら、片面約 3〜5 分焼きます。

f) 繊維を横切って細長くスライスしてお召し上がりください。

30. ジャックダニエルのグリルチャックロースト

4〜6 人分

- 1/3c ジャックダニエル
- ブラウンシュガー 1/2c
- 醤油 1/3c
- 水 1/3c
- ウスターソース 大さじ 1
- レモン汁 1t
- ガーリックパウダー 小さじ 1/8
- チャックロースト 1 個（2〜3 ポンド）

a) ジャックダニエル、ブラウンシュガー、醤油、水、ウスターソース、レモン汁、ガーリックパウダーを混ぜ合わせます。よく混ぜます。

b) ローストをビニール袋に入れます。マリネを加えて密封します。

c) 皿に盛り付けます。時々ひっくり返しながら、冷蔵庫またはクーラーの中に一晩置きます。

d) 中火の炭で（水に浸したジャックダニエルのバレルチップスを見つけたら使用します）、中火で片面約 20〜25 分焼きます。

e) 時々マリネ液で味付けします。薄くスライスしてお召し上がりください。

31. サーロインステーキ ベイリーズとジャックダニエルソース添え

出来上がり量：4 人分

材料

- エキストラバージンオリーブオイル　大さじ 2
- バター　大さじ 3
- 玉ねぎ 1 個（みじん切り）
- 16 オンスのサーロインステーキ
- ニンニク 2 片、1 片は縦半分に切り、1 片はみじん切りにする
- ジャックダニエル　1/4 カップ
- ベイリーズアイリッシュクリーム　1 オンス
- コーシャーソルト　小さじ 1/2
- 味に挽いた黒コショウをダッシュします
- 飾りにしたい場合は、新鮮なパセリ　大さじ 2

手順

a) 厚手のフライパンにオリーブオイルとバターを入れて中火でバターが溶けるまで加熱します。

b) 玉ねぎをバターと油で軽く黄金色になるまで約 10 分間炒めます。

c) 玉ねぎをヘラで脇に押し出します。

d) 潰したニンニク 1 片を加えて軽く炒めます。

e) ステーキをもう一方のニンニクの切り口でこすります。

f) 玉ねぎとにんにくを脇に置いたまま、ステーキをフライパンに置き、肉に焼き色がつき、中はまだほんのりピンク色になるまで、片面あたり 2〜4 分、中火で焼きます。

g) フライパンを火から下ろします。

h) ジャックダニエルとベイリーのアイリッシュクリームを熱したフライパンにゆっくりと注ぎます。

i) 茶色になった玉ねぎをジャックダニエルに混ぜ、中弱火で煮ます。

j) ステーキにコーシャソルト、黒コショウ、パセリを振りかけます。

k) ステーキをジャックダニエルのパンソースで裏返して両面に塗り、ソースをかけてお召し上がりください。

l) ソースに浸すためにガーリックブレッドを加えます。

32. 豚肉のレモングラス焼き

分量: 4 人分

材料

- 1 ポンドの豚肉を一口大に切ります
- パームシュガー　大さじ 10
- 魚醤　大さじ 10
- 濃口醤油　大さじ 10
- レモングラス　大さじ 10
- ジャックダニエル　大さじ 5
- エシャロット　大さじ 5
- ニンニク　大さじ 5
- ココナッツミルク　大さじ 5
- ごま油　大さじ 3
- 黒胡椒　大さじ 1

手順

a) ココナッツミルク以外の塩水を鍋または中華鍋で混ぜ、元の量が約半分になるまで煮ます。

b) 冷まし、ココナッツミルクを加え、混ざるまでかき混ぜます。

c) 肉を涼しい場所で 1〜3 時間塩漬けにし、よく水を切り、串に刺します。

d) 火が通るまで肉をバーベキューします。塩水を沸騰するまで加熱し、1〜2 分間かき混ぜます（マリネした肉から滴り落ちた血を調理して殺菌するため）。肉のディップソースとして使用します。

33. スコットランドのハギス

材料

- 羊の胃 1 個
- 羊の心臓 1 個
- 羊の肺 1 個
- 羊の肝臓 1 個
- オートミール 3/4 カップ
- 1/2 ポンドの新鮮なビーフスエット
- 玉ねぎ 3 個（みじん切り）
- 塩 小さじ 1
- コショウ 小さじ 1/8
- カイエン ひとつまみ
- 3/4 カップストック
- ジャックダニエル 1 カップ

手順

a) お腹をよく洗い、裏返して熱湯で焼きます。ナイフでこすります。冷たい塩水に一晩浸します。

b) 心臓、肺、肝臓を 1 時間半煮込みます。いいね。

c) オートミールをオーブンでトーストします。

d) スジとパイプを切り落とし、レバーを粗くすりおろす。

e) 心臓と肺を切り刻み、すべての材料を混ぜ合わせます。

f) 必要に応じて、さらに塩とコショウを加えます。お腹を 3 分の 2 まで満たします。

g) オートミールが膨らむ余地があるはずです。

h) 袋の中から空気を押し込み、しっかりと縫います。

i) 針でお腹を数回刺します。

j) 蓋をせずに 3 時間煮ます。

k) 必要に応じて水を加えます。糸を外し、スプーンでお召し上がりください
い。

34. ジャックダニエルのベーコンマックンチーズ

出来上がり量：10 人分

材料
- バター 1 スティック (4 オンス)
- みじん切りニンニク 大さじ 2
- 小麦粉 1/2 カップ
- ジャックダニエル 1/4 カップ
- 全乳 7 カップ
- クリームチーズ 8 オンス
- パルメザンチーズの細切り 1 カップ
- メキシカンブレンド 3 カップ（細切り）
- サルサ 2 カップ
- みじん切りベーコン 1/8 カップ
- 生ペンネパスタ 18 カップ

手順
a) 鍋に湯を沸かし、ペンネパスタの麺をパッケージの表示通りに茹でます。通常は 10 分程度です。

b) その間に、鍋にバター1 本を弱火で溶かします。

c) にんにくを加え、香りが出るまで炒めます。

d) 溶けたら小麦粉を加え、きつね色になるまで 2 分ほど炒めます。ジャックダニエルでデグレーズ。

e) 牛乳を加え、とろみが出るまでかき混ぜ続けます。

f) クリームチーズを加えて混ぜ合わせます。

g) パルメザンチーズが溶けるまでゆっくりと加えます。

h) メキシカンシュレッドチーズを滑らかになるまでゆっくり加えます。

i) チーズソースを少なくとも 1 時間冷ましてから、サルサを加えます。

j) パスタがアルデンテになったら湯を切って鍋に戻します。

k) チーズソースをペンネパスタの上に注ぎ、慎重に混ぜ合わせます。

35. 鶏胸肉のパッションフルーツソース添え

人数: 4 人分

材料

- 鶏胸肉 4 枚
- パッションフルーツ 4 個。半分に切り、種を取り除き、果肉を保存します
- 大さじ 1 ジャックダニエル
- 2 つ星アニス
- 2 オンス メープルシロップ
- チャイブ 1 束。みじん切り・塩と黒コショウで味を調える

手順

1.パッションフルーツの果肉を入れた鍋を中火で加熱し、ジャックダニエル、スターアニス、メープルシロップ、チャイブを加えます。よくかき混ぜ、5〜6 分間煮て火から下ろします。

2.鶏肉に塩とコショウで味付けし、予熱したエアフライヤーに入れて 360°F で 10 分間調理します。途中でひっくり返す。鶏肉を皿に分け、ソースを少し温め、鶏肉にかけ、出来上がります。

36. バーボンバーベキューチキン

収量: 8 人前

材料

- 骨なし皮なし鶏の胸肉 2 ポンド
- 玉ねぎのみじん切り 1/2 カップ
- ニンニク 2 片。みじん切りにした
- オリーブオイル 大さじ 1
- オレンジの皮 小さじ 2
- オレンジジュース 1/3 カップ
- ワインビネガー 大さじ 1
- ジャックダニエル 1/3 カップ
- 糖蜜 1/2 カップ
- ケサップ 1/2 カップ
- ステーキソース 大さじ 1
- ドライマスタード 小さじ 1/4
- 塩と挽きたての黒胡椒
- タバスコ; 味わう
- チリパウダー 小さじ 1
- クローブ 1 つまみ

方向

a) 鶏肉以外の材料をよく混ぜ合わせます。鶏肉を 4 時間マリネします。

b) 塩水から取り出してグリルし、頻繁に塩水で味付けします。

37. <u>豚肉のハニーバーボングリル</u>

収量：9 人分

材料

- 赤身の豚ヒレ肉 （3/4 ポンド） 3 枚
- 玉ねぎのみじん切り 1/2 カップ
- レモン汁 1/2 カップ
- ジャックダニエル 1/2 カップ
- 蜂蜜 1/4 カップ
- 減塩醤油 1/4 カップ
- 皮をむいた生姜みじん切り 大さじ 1
- オリーブオイル 大さじ 2
- ニンニク 4 片 （みじん切り）
- 塩 小さじ 1/2
- コショウ 小さじ 1/4
- 野菜調理用スプレー
- 中力粉 大さじ 3
- 水 1 1/4 カップ

方向

a) 豚肉から脂肪を取り除きます。玉ねぎと次の 7 つの材料（玉ねぎから にんにくまで）を大きなジッパー付きの丈夫なビニール袋に入れて混ぜ ます。豚肉を加えます。袋に密封し、冷蔵庫で 30 分ほど漬け込みま す。

b) 豚肉を袋から取り出し、塩水を注ぎ直す。豚肉に塩、こしょうをふりか けます。

c) クッキングスプレーを塗ったグリルラックに豚肉を置きます。

d) 蓋をして、肉の温度計が 160 度を示すまで 30 分間、時々豚肉を回 転させながら 1/2 カップの塩水で下味をつけながら調理します。

e) 豚肉を 1/4 インチの厚さに切ります。脇に置いて、暖かくしてください。

f) 小麦粉を小さな鍋に入れます。残りの塩水と水を徐々に加え、混ざるまでワイヤー泡立て器でかき混ぜます。中火にかけて沸騰させ、絶えずかき混ぜながらとろみがつくまで 3 分以上煮ます。豚肉の上にグレービーソースをスプーンでかけます。必要に応じてマッシュポテトを添えてください。

38. スコットランドのミートボール

材料

- 赤身のひき肉 1 ポンド
- 卵 1 個（軽く溶きほぐす）
- 小麦粉 大さじ 3
- 挽きたての黒胡椒 小さじ 1/4
- 玉ねぎみじん切り 大さじ 3
- 植物油 大さじ 3
- チキンスープ 1/3 カップ
- 8 オンス缶のパイナップルを砕いて水気を切っておく 1 個
- コーンスターチ 大さじ 1 と 1/2
- 醤油 大さじ 3
- 普通の赤ワインビネガー 大さじ 3
- 水 大さじ 2
- ジャックダニエル 1/4 カップ
- チキンスープ 1/3 カップ
- さいの目に切ったピーマン 1/2 カップ

手順

a) 最初の 6 つの材料を組み合わせます。ゆっくりと直径約 1 インチの
ボールの形に成形します。

b) 10 インチのフライパンに油を入れて全体に焼き色をつける。

c) その間に、以下のスコティッシュソースを作ります。

d) ミートボールとピーマンを加えます。さらに 10 分ほどじっくり煮ます。ご
飯と一緒にお召し上がりください。

39. ベーコン巻きチキンのバーボンソース添え

3 人分

材料
- 鶏胸肉 3 枚（蝶結び）
- 半分に切ったニンニク 2 片
- 海塩と挽いた黒コショウ 適量
- カイエンペッパー 小さじ 1
- 乾燥パセリフレーク 小さじ 1
- マスタードパウダー 小さじ 1
- オールスパイス 小さじ 1/4
- ベーコン 6 枚
- BBQ ソース 1/2 カップ
- ジャックダニエル 大さじ 2

方向
a) インスタントポットに 1 1/2 カップの水と金属製の五徳を加えます。
b) 次に、鶏の胸肉をニンニクでこすります。鶏肉に調味料をまぶします。
c) 次に、鶏の胸肉を 2 枚のベーコンスライスで包みます。爪楊枝で固定します。包んだ鶏肉を金属製の五徳の上に置きます。
d) 蓋をしっかり閉めます。「鶏肉」設定を選択し、高圧下で 15 分間調理します。調理が完了したら、自然な圧力解放を使用します。慎重に蓋を外します。
e) 次に、バーベキューソースとジャックダニエルでチキンを焼きます。オーブンで 15 分間焼きます。よろしくお願いします！

40. ジャックダニエルの BBQ リブ

材料

ベビーバックリブ　2 ラック

ジャックダニエルウイスキー　1/2 カップ

ケチャップ　1/2 カップ

ブラウンシュガー　1/4 カップ

リンゴ酢　1/4 カップ

ウスターソース　1/4 カップ

スモークパプリカ　大さじ 1

ガーリックパウダー　大さじ 1

塩　小さじ 1

黒胡椒　小さじ 1

手順

オーブンを　275°F (135°C)　に予熱します。

ボウルにジャックダニエルウイスキー、ケチャップ、ブラウンシュガー、リンゴ酢、ウスターソース、スモークパプリカ、ガーリックパウダー、塩、黒胡椒を入れて混ぜます。

カルビにソースを塗り、アルミホイルでしっかり包みます。

包んだリブを天板に置き、オーブンで 3〜4 時間焼きます。

オーブンからリブを取り出し、ホイルを捨てます。

残りのソースをリブに刷毛で塗り、中火で片面 2〜3 分、またはカリカリになるまで焼きます。

追加のソースを添えて温かいうちにお召し上がりください。

41. ジャックダニエルのリブアイステーキ

材料

10 オンスのリブアイステーキ　2 枚
ジャックダニエルウイスキー　1/2 カップ
醤油　1/4 カップ
ブラウンシュガー　1/4 カップ
ニンニク　2 片（みじん切り）
黒胡椒　小さじ 1
バター　1/4 カップ

手順

ミキシングボウルに、ジャックダニエルウイスキー、醤油、ブラウンシュガー、ニンニク、黒コショウを入れて混ぜ合わせます。

ステーキを浅い皿に置き、マリネをその上に注ぎます。

皿に蓋をし、少なくとも 1 時間冷蔵庫で冷やします。

グリルまたはグリルパンを中強火で予熱します。

ステーキをマリネから取り出し、残ったマリネは捨てます。

ステーキを片面 3〜4 分、または好みの焼き加減になるまで焼きます。

各ステーキの上にバターを少量加え、食べる前に溶かします。

42. ジャックダニエルのハニーマスタードチキン

材料

骨なし、皮なしの鶏の胸肉　4 枚
ジャックダニエルウイスキー　1/2 カップ
蜂蜜　1/4 カップ
ディジョンマスタード　1/4 カップ
マヨネーズ　1/4 カップ
ニンニク　2 片（みじん切り）
スモークパプリカ　小さじ 1
塩、黒胡椒で味を整える

手順

ミキシングボウルにジャックダニエルウイスキー、ハチミツ、ディジョンマスタード、マヨネーズ、ニンニク、スモークパプリカ、塩、黒コショウを入れて混ぜ合わせます。
鶏の胸肉を浅い皿に置き、マリネをその上に注ぎます。
皿に蓋をし、少なくとも 1 時間冷蔵庫で冷やします。
グリルまたはグリルパンを中強火で予熱します。
鶏の胸肉をマリネから取り出し、残ったマリネは捨てます。
鶏の胸肉を片面 5〜6 分、または火が通るまで焼きます。
追加のソースを添えて温かいうちにお召し上がりください。

43. ジャックダニエルのグレーズドサーモン

材料

鮭の切り身　4 枚
ジャックダニエルウイスキー　1/2 カップ
ブラウンシュガー　1/4 カップ
醤油　1/4 カップ
ニンニク　2 片（みじん切り）
すりおろした生姜　小さじ 1
塩、黒胡椒で味を整える
植物油

手順

1. ミキシングボウルに、ジャックダニエルウイスキー、ブラウンシュガー、醤油、ニンニク、生姜、塩、黒コショウを入れて混ぜ合わせます。

2. 浅い皿に鮭の切り身を置き、その上にマリネを注ぎます。

皿に蓋をし、少なくとも 30 分間冷蔵庫で冷やします。

グリルまたはグリルパンを中強火で予熱します。

サーモンの切り身をマリネから取り出し、残ったマリネは捨てます。

サーモンの切り身に植物油を塗ります。

サーモンの切り身を片面 3〜4 分、または火が通るまで焼きます。

追加のソースを添えて温かいうちにお召し上がりください。

44. ジャックダニエルのプルドポーク

材料

豚肩肉　3 ポンド
ジャックダニエルウイスキー　1/2 カップ
ブラウンシュガー　1/4 カップ
ケチャップ　1/4 カップ
リンゴ酢　1/4 カップ
ウスターソース　1/4 カップ
スモークパプリカ　大さじ 2
ガーリックパウダー　大さじ 2
塩　大さじ 1
黒胡椒　大さじ 1

手順

オーブンを　275°F (135℃)　に予熱します。
ミキシングボウルに、ジャックダニエルウイスキー、ブラウンシュガー、ケチャップ、リンゴ酢、ウスターソース、スモークパプリカ、ガーリックパウダー、塩、黒コショウを入れて混ぜ合わせます。
豚肩肉をフライパンに置き、マリネをその上に注ぎます。
フライパンをホイルで覆い、オーブンで 5〜6 時間、または豚肉がフォークで柔らかくなるまで焼きます。
豚肉をオーブンから取り出し、数分間冷まします。
2 本のフォークを使って豚肉を細かく切ります。
追加のソースを添えて温かいうちにお召し上がりください。

45. ジャックダニエルのシュリンプベーコン巻き

材料

大きなエビ 16 尾（皮をむいて背わたを取り除いたもの）

ベーコン 8 枚切り、半分に切る

ジャックダニエルウイスキー 1/4 カップ

ブラウンシュガー 1/4 カップ

醤油 大さじ 2

ディジョンマスタード 大さじ 2

ニンニク 2 片（みじん切り）

塩、黒胡椒で味を整える

手順

ミキシングボウルに、ジャックダニエルウイスキー、ブラウンシュガー、醤油、ディジョンマスタード、ニンニク、塩、黒コショウを入れて混ぜ合わせます。

エビを浅い皿に置き、マリネを注ぎます。

皿に蓋をし、少なくとも 30 分間冷蔵庫で冷やします。

オーブンを 400°F (200℃) に予熱します。

マリネ液からエビを取り出し、残ったマリネ液は捨てます。

各エビをベーコンの半分のスライスで包み、爪楊枝で固定します。

エビを天板に置き、オーブンで 10〜12 分間、またはベーコンがカリカリになりエビに火が通るまで焼きます。

温かいままお召し上がりください。

46. ジャックダニエルのチリ

材料

牛ひき肉　1 ポンド

ジャックダニエルウイスキー　1/2 カップ

角切りトマト　1 缶

インゲン豆　1 缶（水気を切って洗い流す）

黒豆　1 缶（水気を切って洗っておきます）

トウモロコシ　1 缶（水気を切っておく）

玉ねぎ　1 個（みじん切り）

ニンニク　2 片（みじん切り）

チリパウダー　大さじ 2

クミン　小さじ 1

パプリカ　小さじ 1

塩、黒胡椒で味を整える

細切りチェダーチーズとサワークリーム（サービング用）

手順

大きな鍋に牛ひき肉を入れ、中火で炒めます。

玉ねぎとにんにくを加えます

ジャックダニエルウイスキーを加え、絶えずかき混ぜながら 1〜2 分間調理します。

角切りのトマト、インゲン豆、黒豆、コーン、チリパウダー、クミン、パプリカ、塩、黒コショウを加えます。

よくかき混ぜて唐辛子を沸騰させます。

火を弱め、時々かき混ぜながら唐辛子を 30〜45 分間煮ます。

シュレッドチェダーチーズとサワークリームを添えて温かいうちにお召し上がりください。

47. ジャックダニエルのチキンウィング

材料

2 ポンドの手羽先、ドラムレットとフラットに分ける
ジャックダニエルウイスキー　1/2 カップ
ブラウンシュガー　1/4 カップ
醤油　1/4 カップ
蜂蜜　1/4 カップ
ニンニク　2 片（みじん切り）
塩、黒胡椒で味を整える

手順

ミキシングボウルに、ジャックダニエルウイスキー、ブラウンシュガー、醤油、蜂蜜、ニンニク、塩、黒コショウを入れて混ぜ合わせます。
手羽先を浅い皿に置き、マリネをその上に注ぎます。
皿に蓋をし、少なくとも 30 分間冷蔵庫で冷やします。
オーブンを　400°F (200℃)　に予熱します。
手羽元をマリネから取り出し、残ったマリネは捨てます。
手羽先を天板に置き、オーブンで 25〜30 分間、またはカリカリに火が通るまで焼きます。
お好みのディップソースと一緒に温かいうちにお召し上がりください。

48. ジャックダニエルの BBQ ミートボール

材料

牛ひき肉　1 ポンド

パン粉　1/2 カップ

牛乳　1/4 カップ

玉ねぎ　1/4　カップ、みじん切り

ニンニク　2 片（みじん切り）

卵 1 個

ジャックダニエルウイスキー　1/2 カップ

ケチャップ　1/4 カップ

ブラウンシュガー　1/4 カップ

リンゴ酢　1/4 カップ

ウスターソース　1/4 カップ

塩、黒胡椒で味を整える

手順

オーブンを　375°F (190℃)　に予熱します。

ボウルに牛ひき肉、パン粉、牛乳、玉ねぎ、にんにく、卵、塩、黒胡椒を入れて混ぜます。

混合物を 1 インチのミートボールに成形し、グラタン皿に置きます。

別のミキシングボウルに、ジャックダニエルウイスキー、ケチャップ、ブラウンシュガー、リンゴ酢、ウスターソース、塩、黒コショウを入れて混ぜ合わせます。

ミートボールの上に BBQ ソースを注ぎ、オーブンで 20〜25 分間、または火が通るまで焼きます。

前菜としてつまようじを添えて、メインディッシュの付け合わせとして温かいままお召し上がりください。

49. ジャックダニエルのベイクドビーンズ

材料

ネイビービーンズ　4　缶（水気を切り、洗った）

ジャックダニエルウイスキー　1/2 カップ

ケチャップ　1/4 カップ

ブラウンシュガー　1/4 カップ

リンゴ酢　1/4 カップ

糖蜜　大さじ2

ウスターソース　大さじ2

ディジョンマスタード　大さじ1

玉ねぎ　1 個（みじん切り）

ニンニク　4 片（みじん切り）

カイエンペッパー　小さじ1/4

塩、黒胡椒で味を整える

手順

オーブンを　350°F (175°C)　に予熱します。

ミキシングボウルに、ジャックダニエルウイスキー、ケチャップ、ブラウンシュガー、リンゴ酢、糖蜜、ウスターソース、ディジョンマスタード、カイエンペッパー、塩、黒コショウを入れて混ぜ合わせます。

大きめのグラタン皿に白インゲン豆、玉ねぎ、にんにくを入れて混ぜます。

ジャックダニエルソースをネイビービーンズの上に注ぎ、かき混ぜます。

オーブンで 1 時間、または豆が熱くて泡立つまで焼きます。

お気に入りのバーベキューレシピのサイドディッシュとして温かいままお召し上がりください。

デザート

50. ジャックダニエルのチョコレートアイスクリーム

製造数: 4

材料
- ホイップクリーム 2 カップ
- 2 カップ半々
- グラニュー糖 1/3 カップ
- 無糖ココアパウダー 1/3 カップ
- 2 1/2 オンスのセミスイートチョコレート、粗く刻む
- 卵 6 個を混ぜ合わせます
- ジャックダニエル 1/3 カップ

手順
a) 重い大きな鍋にクリームと半分を入れて煮ます。砂糖とココアを加え、砂糖が溶けるまでかき混ぜます。暑さから削除。チョコレートを加え、滑らかになるまでかき混ぜます。1/2 カップのチョコレート混合物を卵に徐々に混ぜます。鍋に戻します。

b) 混合物が濃くなり、指を引くとスプーンの裏側に跡が残るまで、中弱火で 10 〜 15 分間かき混ぜます。

c) 氷を入れた大きめのボウルの上に置いたボウルに濾します。頻繁にかき混ぜながら完全に冷まします。

d) ジャックダニエルをカスタードに入れて混ぜます。カスタードをアイスクリームメーカーに移し、メーカーの指示に従って冷凍します。

e) 蓋をした容器に入れて数時間冷凍すると、風味がまろやかになります。固まって凍った場合は、お召し上がりになる前に柔らかくしてください。

51. ジャックダニエルのチョコレートロールアイスクリーム

出来上がり量：6〜8 人前

材料
ベース成分
- クリーム 1 カップ
- コンデンスミルク 1/2 カップ

トッピング
- 無糖ココアパウダー 1/3 カップ
- 2 1/2 オンスのセミスイートチョコレート、粗く刻む
- ジャックダニエル 1/3 カップ

手順
a) 清潔で大きなベーキングトレイを用意し、クリームとコンデンスミルクを加えます。

b) トッピングをすべて加え、スパチュラで潰します。

c) 均等に広げて一晩凍らせます。

d) 翌日、同じスパチュラを使って、トレイの一方の端からもう一方の端までアイスクリームを転がします。

52. ジャックダニエル スモークイチジクアイスクリーム

出来上がり量：8 人分

材料
アイスクリームの場合:
● 軽く詰めたジャックダニエルスモークシュガー　1/2 カップ
● バニラビーンズ　1/4 個　縦に割って削り取る
● 細かい海塩　小さじ 1/8
● 全乳　１ 1/4 カップ
● 生クリーム　１ 1/4 カップ
● 大きめの卵黄　4 個
● ジャックダニエルイチジクバター　レシピ　1　個
イチジクバターの場合:
● 刻んだ新鮮なイチジク　１ 1/2　カップ
● 有機グラニュー糖　1/4 カップ
● ジャックダニエル　大さじ 6
● 細かい海塩をひとつまみ

手順
アイスクリームの場合:
a) 中くらいの厚底の鍋に、砂糖、バニラのさや、削りくず、塩、牛乳を入れて混ぜます。頻繁にかき混ぜながら、ミルクが湯気が立つまで中火で加熱します。その間にクリームを大きな耐熱ボウルに注ぎ、その上にストレーナーを置きます。卵黄を中くらいのボウルに入れ、濡れたタオルの上に置きます。

b) 牛乳が熱くなったら、卵黄をゆっくりと混ぜ合わせ、卵が固まらないように常に泡立てます。混合物を鍋に戻し、柔軟な耐熱ヘラで絶えずかき混ぜながら、カスタードが「くっつき」始めるまで弱火で調理します。

c) すぐにカスタードをふるいにかけてコールドクリームに注ぎ、調理を止めます。冷蔵庫に移し、極寒になるまで少なくとも 4 時間、最大 1 日冷やします。

d) ベースが冷えたら、メーカーの指示に従ってアイスクリームメーカーでかき混ぜます。大きなパン型を冷凍庫に入れて冷やします。アイスクリームがかき混ぜられたら、アイスクリームの 1/3 を鍋にこすり落とします。イチジクピューレの 1/3 をドットで打ちます。残りのアイスクリームとイチジクバターも同様に繰り返し、アイスクリームが溶けないように手早く混ぜ、箸やナイフを使って上の層をかき回します。固まるまで 2 時間、最長で数週間冷凍します。長期間保存する場合は、アイスクリームの表面にクッキングシートを押し付けて氷の結晶ができるのを防ぎ、しっかりと包みます。

イチジクバターの場合:

e) 底が厚い中型の鍋に、刻んだイチジク、砂糖、ジャックダニエル、塩を入れて混ぜます。中火で沸騰させ、その後火を弱め、混合物がとろみが出て固まるまで、頻繁にかき混ぜながら約 10 分間煮ます。少し冷ましてから、イチジクの混合物をフードミルに通して皮を取り除きます。必要になるまで密閉して冷やします（最長 1 週間）。

53. 昔ながらのアイスクリーム

作る：2

材料

- オレンジジュース　1/4 カップ
- 0.50 オンス　トリプルセック
- 2 オンスのジャックダニエル
- アロマティックビターズ　8 滴
- 粉砂糖　1 1/4 カップ
- 生クリーム　2 カップ
- ブランデーチェリー　1〜2 個

手順

a) 大きなボウルにジュース、ジャックダニエル、トリプルセック、ビターズを入れて混ぜます。

b) 粉砂糖を一度に 1/4 カップずつ加えて混ぜます。

c) ホイップクリームを加え、硬くならない程度に濃厚になるまで混ぜます。

d) 気密容器、またはホイルで覆われたワックスペーパーを敷いたパンに置きます。

e) 冷凍して一晩または数日間保存します。

f) ブランデーチェリーをトッピングしてお召し上がりください。

54. エッグノッグ フローズン カスタード

生産量: 1 クォート

材料

- 全乳 2¾カップ
- 大きめの卵黄 6 個
- コーンスターチ 大さじ 1 と小さじ 2
- 柔らかくしたクリームチーズ 大さじ 2
- 上質海塩 小さじ 1/2
- すりおろしたナツメグ 小さじ 1/8
- バニラエッセンス 小さじ 1/2
- 生クリーム 1 カップ
- 砂糖 3/4 カップ
- ライトコーンシロップ 大さじ 2
- ジャックダニエル 1/4 カップ

手順

a) 小さなボウルに牛乳大さじ 2、卵黄、コーンスターチを入れて混ぜ、置いておきます。

b) クリームチーズ、塩、ナツメグ、バニラを中くらいのボウルに入れて滑らかになるまで泡立てます。

c) 大きなボウルに氷と水を入れます。

d) 調理する 残りの牛乳、クリーム、砂糖、コーンシロップを 4 クォートの鍋に入れ、中火にかけて沸騰させ、4 分間沸騰させます。

e) 火から下ろし、約 2 カップのホットミルク混合物を卵黄混合物に、一度にお玉一杯ずつ、加えた後よくかき混ぜながら徐々に加えます。

f) 混合物を鍋に戻し、耐熱性スパチュラで絶えずかき混ぜながら、沸騰するまで中火にかけます。火から下ろし、必要に応じてふるいで濾します。

g) 冷やす　温かい牛乳混合物をクリームチーズ混合物に滑らかになるまで徐々に混ぜます。混合物を 1 ガロンのジップロックフリーザーバッグに注ぎ、密封したバッグを氷浴に浸します。必要に応じて氷を加えながら、冷めるまで約 30 分間放置します。

h) 冷凍　冷凍庫から冷凍キャニスターを取り出し、アイスクリームマシンを組み立てて電源を入れます。カスタードベースをキャニスターに注ぎ、ジャックダニエルを加え、濃厚でクリーミーになるまで回転させます。

i) カスタードを保存容器に詰めます。クッキングシートを表面に直接押し付け、気密蓋で密閉します。冷凍庫の最も冷たい場所で固まるまで、少なくとも 4 時間凍らせます。

55. ゆず抹茶ティラミス

材料

チーズフィリング:

- マスカルポーネチーズ 8 オンス容器 2 個
- ゆずピューレ 1/2 カップ
- 生クリーム 1 カップ、角が立つまで泡立てます

クッキー層:

- 冷やした抹茶 1 カップ
- ゆずピューレ 1/3 カップ
- ジャックダニエル 1/3 カップ
- 60 レディフィンガー
- 抹茶パウダー 適宜
- 粉砂糖（必要に応じて）

手順

チーズフィリングを作ります:

a) ミキシングボウルにマスカルポーネチーズとゆずピューレを入れ、よく混ざるまでゆっくりと混ぜ合わせます。

b) ホイップした生クリームをチーズ混合物に数回に分けて完全に混ざるまで混ぜます。

c) 混合物を覆い、使用するまで冷蔵庫に入れて冷やします。

ティラミスを作る:

d) 抹茶、ゆずピューレ、ジャックダニエルをミキシングボウルに入れ、混ざり合うまで泡立てます。

e) レディフィンガーを抹茶混合物に 1 つずつ、浸るがべちゃべちゃにならないまで短時間浸し、すぐに 8 インチ x 8 1/2 インチのガラス製ベーキングパンの底に一層に置きます

f) マスカルポーネチーズ混合物の 1/3 を、浸したレディフィンガーの最初の層の上に均等に広げます。

g) ティラミスが 3 層になるまで、残りのクッキーとチーズを繰り返します。

h) ティラミスの上に抹茶パウダーと粉砂糖を軽くふりかけます。

i) 蓋をして冷蔵庫に入れ、お召し上がりになる前に少なくとも 1 時間冷やしてください。

56. ジャックダニエルのコーヒーパイ

8 人前が作れます

材料
- 2 環境　無味ゼラチン
- 冷水　2/3 カップ
- 大さじ 2 杯。砂糖
- 小さじ 2　インスタントコーヒー
- 小さじ 2　ジャックダニエル
- 小さじ 1　バニラ
- 1 点　(2 カップ)　コーヒーアイスクリーム、柔らかくしたもの
- 解凍したホイップトッピング　11/2 カップ
- オレオパイクラスト　1 個　(6 オンス)

方向
a)　小さな鍋にゼラチンを入れ、冷水に振りかけます。少し休んでください。ゼラチンが完全に溶けるまで、絶えずかき混ぜながら弱火で 5 分間調理します。コーヒー顆粒と砂糖を入れます。混合物をかき混ぜて溶解します。熱から遠ざけてください。バニラとジャックダニエルを混ぜます。

b)　ミキサーまたはフードプロセッサーの容器にアイスクリームを入れます。蓋で閉めます。アイスクリームを滑らかになるまで混ぜます。ブレンダーを動かしながら、フィードキャップからゼラチン混合物を徐々に注ぎ、完全に混ぜます。混合物を大きなボウルに加えます。スプーンから落としたときに混合物がわずかに盛り上がるまで、2〜3 分間放置します。ホイップしたトッピングを軽く混ぜます。

c)　クラストですくい上げます。固まるまで冷蔵庫に数時間置きます。

d) 残ったパイは冷凍保存します。

57. アイリッシュクリームコーヒーボム

作る：爆弾 3 個

材料
- 溶かしたホワイトチョコレートチップ 1 1/2 カップ
- ブラウンシュガー 大さじ 1
- バニラコーヒークリーマーパウダー 大さじ 6
- ジャックダニエル 大さじ 3
- 36 オンスの淹れたてコーヒー

手順
a) 溶かしたチョコレートを球状のシリコン型の空洞にスプーンで広げます。

b) 使用する前に、型を 15 分間冷凍してください。

c) 冷凍庫から型を取り出し、慎重に半球を型から取り出し、冷凍プレートの上に置きます。

d) 球体のうち 3 つに、ブラウンシュガー、コーヒークリーマー、ジャックダニエルを混ぜ合わせます。

e) 残りの 3 つのセクションの端を少し溶かすか加熱し、一緒に押して円を形成します。継ぎ目を修正するには、さらに溶かしたチョコレートを使用し、端をパイプで下に下げます。

f) 冷蔵庫に保管するか、食べる準備ができるまで密閉容器に入れてカウンターの上に置いてください。

g) 提供するには、マグカップに爆弾を入れ、その上に熱いコーヒーを注いでください。チョコレートが溶けたら、すべてを混ぜ合わせます。

58. 赤、白、ブルーベリーのチーズケーキ　アイスキャンデニ

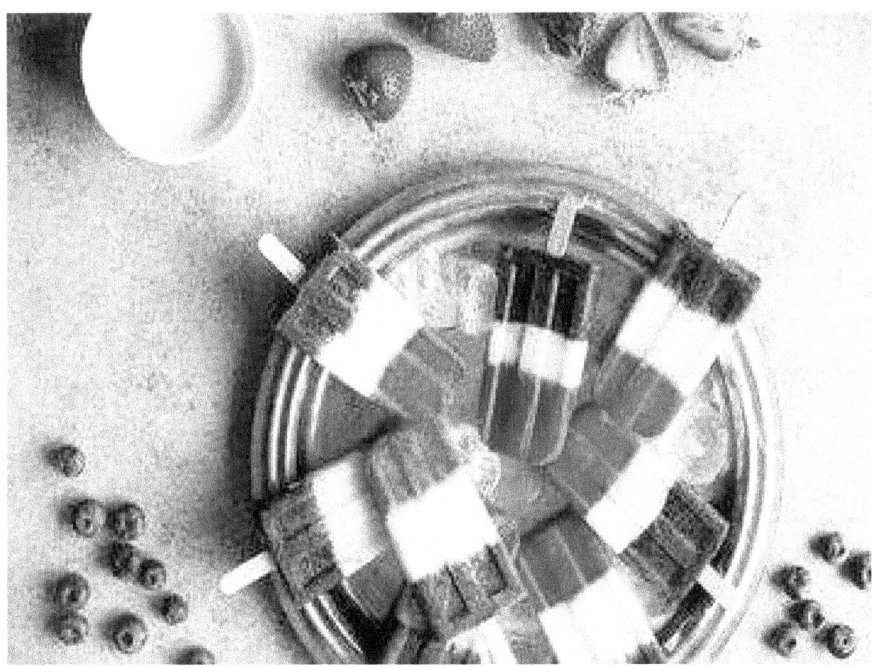

作る：10

材料

シンプルなシロップの場合:

● 砂糖 1/2 カップ

● 水 1/2 カップ

ストロベリー層の場合:

● イチゴ 1 1/4 カップ（皮をむき、みじん切りにする）

● シンプルシロップ 1/4 カップ

● ジャックダニエル 大さじ 2

ブルーベリー層の場合:

● ブルーベリー 1 1/4 カップ

● シンプルシロップ 1/4 カップ

● ジャックダニエル 大さじ 2

チーズケーキ層の場合:

● 6 オンスのクリームチーズ（柔らかくしたもの）

● 加糖コンデンスミルク 3/4 カップ

● ジャックダニエル 1/3 カップ

● 砕いたグラハムクラッカー 4 枚

手順

j) まずは簡単なシロップを作ります。鍋に砂糖と水を入れ強火で混ぜます。砂糖が完全に溶け、液体がわずかに濃くなるまで、時々かき混ぜながら沸騰させます。5 分間煮てから火から下ろします。冷まします。

k) 次に、イチゴ、シンプルシロップ 1/4 カップ、ジャックダニエル大さじ 2 をフードプロセッサーまたはブレンダーに加えます。滑らかになるまでパルスします。

l) イチゴ混合物を 10 個の紙コップに均等に分配します。冷凍庫に少なくとも 1 時間入れます。

m)　フードプロセッサーを洗い、ブルーベリー、シンプルシロップ、ジャックダニエルを混ぜ合わせます。

n) 滑らかになるまでパルスします。使用するまで冷蔵庫に入れてください。

o) 大きなボウルに、クリームチーズ、加糖コンデンスミルク、ジャックダニエルを入れてクリーム状にします。凍ったイチゴ混合物の上に、冷えた紙コップですくうか注ぎます。チーズケーキ層を加えた後、カップは 2/3 まで満たされている必要があります。

p) カップを 30 分間冷凍し、各カップの中央に木製のクラフト棒を押し込みます。

q) さらに少なくとも 30 分間冷凍します。

r) ブルーベリー混合物を注ぎ、30 分間凍らせます。次に、各アイスキャンデーの上にグラハムクラッカーの粉を振りかけ、少なくとも 6 時間または一晩かけて再度冷凍します。

s) 食べるときは紙コップを剥がしてお召し上がりください。

59. スイートクリームブランケーキ

分量: 1 人分

手順

- 卵 2 個
- ジャックダニエル 1/3 カップ
- 牛乳 1 カップ
- オールブラン朝食用シリアル 3 カップ
- 中力粉 1/4 カップ
- 全粒粉 1/4 カップ
- しっかりと詰まったブラウンシュガー 1/4 カップ

手順

a) オーブンを華氏 400 度に予熱します。グリースを塗ったベーキングシート。

b) すべての材料をよく混ぜ合わせます。

c) 液体が吸収されるまで約 10 分間放置します。

d) ベーキングシートの上に 8〜10 枚のパティまたは正方形に広げます。広がらないのでぴったりと並べて設置できます。

e) 約 20 分間、または少しカリカリになるまで焼きます。

f) オーブンから取り出します。冷却ラックに移動して完全に冷却します。

60. ミニジャックダニエルチョコレートケーキ

材料

- 中力粉　大さじ 4
- 砂糖　大さじ 4
- 無糖ココア　大さじ 2
- 卵 1 個
- ジャックダニエル　大さじ 3
- 植物油　大さじ 3
- チョコレートチップ　一握り

手順

a) 電子レンジ対応のカップにクッキングスプレーをスプレーします。

b) コーヒーマグに小麦粉、砂糖、ココアを加えます。よく混ぜます。

c) ジャックダニエル、油、卵 1 個を加えます。

d) その上にチョコチップを散らします。

e) よく混ざるまでゆっくりとかき混ぜます。

f) 電子レンジに入れて 3 分加熱します

g) アイスクリームをスクープし、チョコレートチップをふりかけてお召し上がりください。

61. シュガークッキーマグケーキ

材料

- 卵代替品　大さじ 2
- 柔らかくしたバター　大さじ 2
- 小麦粉　1/3 カップ
- 砂糖　大さじ 3
- バニラ　小さじ 1
- ジャックダニエル　大さじ 3
- レインボースプリンクル　大さじ 2
- 粉砂糖　1 カップ
- ピンクまたは赤の食品着色料を 2〜3 滴

手順

a) ボウルに卵代替品、バター、小麦粉、砂糖、バニラ、ジャックダニエル大さじ 2、レインボースプリンクル大さじ 1 を入れて混ぜます。

b) 予備のマグカップに入れます。

c) 電子レンジで 60 秒間加熱し、端から泡が出た生地を拭き取り、さらに 30 秒間電子レンジに戻します。

d) ケーキを取り出して冷蔵庫に入れます。

e) 冷めている間に、粉砂糖、ジャックダニエル大さじ 1、食品着色料を混ぜ合わせます。

f) 少し温かいケーキの上に霧雨をかけます。

62. キャラメルジャックダニエルフォンデュ

出来上がり量：12 人分

材料

- 7 オンスのキャラメル
- ミニチュアマシュマロ　1/4 カップ
- ホイップクリーム　1/3 カップ
- ジャックダニエル　小さじ 2

手順

a)　鍋にキャラメルと生クリームを入れて混ぜます。

b)　蓋をして溶けるまで 30〜60 分加熱します。

c)　マシュマロとジャックダニエルを加えて混ぜます。

d)　蓋をして 30 分間調理を続けます。

e)　リンゴのウェッジまたはパウンドケーキと一緒にお召し上がりください。

63. マンゴーとジャックフルーツのパフェ

製造数: 6

材料

- 亜麻の卵 3 個
- グラニュー糖 3/4 カップ
- 1/4 カップとコーンスターチ大さじ 2
- 塩 小さじ山盛り 1/4
- 植物性ミルク 3 1/2 カップ
- 植物性バター 大さじ 1
- バニラエッセンス 大さじ 1
- スパイス入りジャックダニエル 大さじ 1
- 冷たいカシュークリーム 1/2 カップ
- 製菓用砂糖 大さじ 2
- 割れたショートブレッドクッキー 2 カップ
- 大きく熟したマンゴー 3 個（スライス）

手順

● 中くらいの鍋に亜麻仁の卵、グラニュー糖、コーンスターチ、塩を入れて中火にかけます。

● 沸騰したら牛乳を加え、よく混ぜながら 5〜8 分煮ます。

● 泡が立ち始めたら、火を弱め、頻繁に泡立てながら、混合物が約 2 分間濃くなるまで煮続けます。

● 火から下ろし、バニラ、植物性バター、ジャックダニエルを加えて混ぜます。

● 混ぜたものを新しいボウルに移し、膜ができないようにプリンの表面をラップで覆います。

● 固まるまで数時間冷蔵庫で冷やします。

● クリームをボウルに入れます。

● 生クリームをスタンドまたは電動ミキサーで中低速でしっかり泡立てます。

● 製菓用砂糖を加え、滑らかで中程度の固さの角が形成されるまでクリームを泡立てます。材料を混ぜすぎないでください。

● 6 つのパフェ グラスのそれぞれに、プリンの混合物をたっぷりとスプーンで注ぎます。その上にクッキー片の層を置き、その上にスライスしたマンゴーの層を置きます。

● ジャックダニエルのブレッドクッキーを上に散らします。

64. ジャックダニエルのティラミス

出来上がり量：6 人分

材料

- 1 ポンドのマスカルポーネチーズ、本当に新鮮です
- ダークチェリーのシロップ漬け大缶 1 缶
- グラニュー糖　1/4 カップ
- ジャックダニエル　大さじ 2、プラス
- ジャックダニエル　1/3　カップを水と少し多めのグラニュー糖と混ぜます。
- 24 本の女性の指

手順

a) チーズ、グラニュー糖　1/4　カップ、2T　をブレンドします。ジャックダニエル。3 等分します

b) 少なくともビスケットが収まる大きさのパン型にビスケットを 8 枚並べて置きます。ダークチェリー缶ジュースの 1/3 をビスケットの上に均等に注ぎます。チーズ混合物の 1/3 をビスケットの上に重ねます。

c) さらにビスケット 8 枚をチーズ混合物の上に並べて置きます。このビスケットの層をジャックダニエル混合。さらに 3 分の 1 のチーズ混合物をビスケットの上に重ねます。

d) さらにビスケット 8 枚をチーズ混合物の上に並べて置きます。このビスケットの層を残りの 1/3 カップの缶詰ダークチェリーシロップに浸します。チーズ混合物の最後の 3 分の 1 をビスケットの上に重ねます。

e) 追加のチェリーを飾ります。

65. ティラミスウーピーパイ

出来上がり量：6 人分

材料

クッキー：

n) アーモンド粉 2 カップ

o) ノンフレーバーホエイプロテイン 大さじ 3

p) モンクフルーツ粒状甘味料 1/2 カップ

q) ベーキングパウダー 小さじ 2

r) 重曹 小さじ 1/2

s) 塩 小さじ 1/2

t) バター 1/2 カップを小さな立方体に切ります

u) 低炭水化物代替砂糖 1/2 カップ、またはお好みの低炭水化物甘味料 1/2 カップ

v) 大きな卵 2 個

w) バニラエッセンス 小さじ 1

x) 全脂肪サワークリーム 1/2 カップ

y) 打ち粉用のココアパウダー

充填：

z) 冷たいエスプレッソコーヒーまたは濃いコーヒー 1/4 カップ

aa) ジャックダニエル 大さじ 1

bb) 8 オンスのマスカルポーネチーズ

cc) 低炭水化物砂糖代替品 大さじ 2

dd) ひとつまみの塩

ee) 生クリーム 1/2 カップ

ff) バニラエッセンス 小さじ 2

手順

a) オーブンを 350°F に予熱します。ウーピーパイパンに焦げ付き防止スプレーをスプレーします。

b) アーモンド粉、プロテインパウダー、黒糖甘味料、ベーキングパウダー、重曹、塩をボウルに入れて混ぜます。脇に置いておきましょう。

c) バターと砂糖を中高速のミキサーでクリーム状になるまで混ぜます。約 2 分。卵と小さじ 1 のバニラを加え、溶けるまで混ぜます。ボウルの側面をこすり落とします。サワークリームを加え、混合物を乾燥させます。

d) 小さなティースプーンを使って生地をウーピーパイ型にすくい、スペースの約 2/3 を埋めます。小さな濾し器にココアパウダーを入れ、各生地スクープの上にココアパウダーを少しずつ振りかけます。

e) 端が黄金色になるまで約 10〜12 分間焼きます。

f) ワイヤーラックの上で約 10 分間冷やし、型からクッキーを取り出して冷まします。

g) 冷めたら、クッキーをラックの上で裏返します。

h) 小さなボウルにエスプレッソとジャックダニエル大さじ 3 杯を入れて混ぜます。小さじ 1/4 程度のエスプレッソリキッドを各クッキーの下側に塗ります。

i) マスカルポーネチーズ、低炭水化物代替砂糖、塩、生クリームバニラ、T.ジャックダニエル 1 杯をミキサーで滑らかになるまで混ぜます。マスカルポーネチーズ混合物の一部をクッキーの半分のチョコレートの上にスプーンで注ぎます。残り半分のクッキーをその上に置きます。

j) すぐにお召し上がりいただくか、冷蔵庫に入れてください。

66. アップルファンタジーデザート

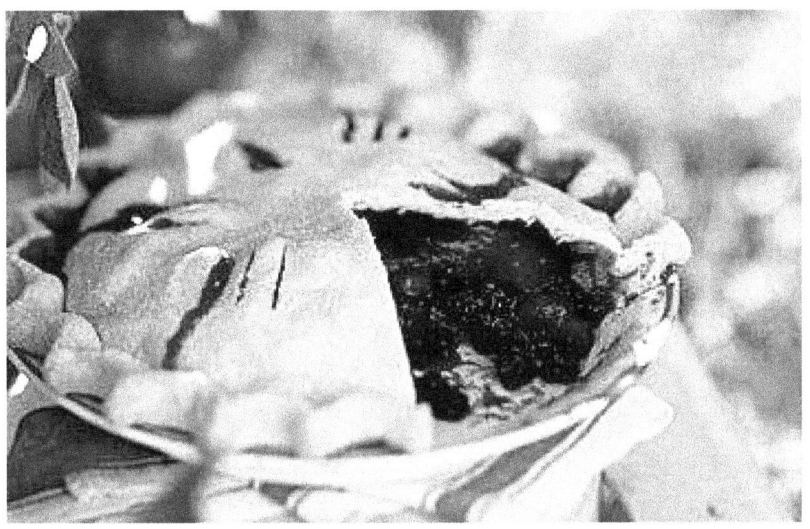

材料

- 2/3c。セモリナ粉
- ベーキングパウダー　小さじ 3
- 塩　小さじ 1/2
- 卵　2 個
- 1c. グラニュー糖
- 1/2c。黒砂糖
- バニラまたはジャックダニエルまたはバーボン　小さじ 3
- 3c. さいの目に切ったリンゴ

手順

a) 卵を溶き、砂糖とバニラを加えてよく混ぜます。乾燥した材料を加えて混ぜます。リンゴを加え、均一になるまでかき混ぜます。深めのグラタン皿またはスフレ皿に置きます。

b) 350℃で 45 分間焼きます。温かいうちにお召し上がりください。

67. ミニオレンジ＆サフランケーキ

出来上がり量: 20〜22 人分

材料

ケーキの場合：

- サフラン　1g
- ジャックダニエル　大さじ 1
- 砂糖　小さじ 1
- 有機卵　3 個
- 砂糖　1 カップ（180g）
- 中力粉　1 1/3 カップ（160g）
- ベーキングパウダー　小さじ 1/2
- 溶かしたバター　2/3 カップ (150g)
- 有機オレンジ　1 個（果汁+皮）

オレンジとアーモンドのグレーズの場合:

- オレンジ　1/2 個（果汁）
- 粉砂糖　大さじ 2（30g）
- アーモンドスライス　大さじ 2（30g）

手順

a) オーブンを 350°F (180℃) に予熱します。小さなコーヒーカップにサフランを小さじ 1 杯の砂糖と一緒にジャックダニエルに溶かします。少なくとも 30 分間浸軟させます。

b) 大きなボウルに卵と砂糖を入れ、白っぽくふわふわになるまで混ぜます。ジャックダニエルに浸したサフランを加え、混ざり合うまでかき混ぜます。

c) 小麦粉とベーキングパウダーをふるい入れてよく混ぜます。

d) バターを小鍋または電子レンジで溶かします。

e) その間に、新鮮なオレンジの皮をすりおろし、果汁を絞ります。

f) 溶かしたバターを生地に加え、オレンジジュースと皮を加え、よくかき混ぜます。

g) あらかじめ油を塗っておいた 12×16 型の天板（またはクッキングシートを敷いた）に生地を流し込み、半分まで約 25 分間焼きます。つまようじがきれいになったら、ケーキの完成です。

h) その間に、オレンジジュースと粉砂糖を混ぜ合わせてグレーズを準備します。

i) ケーキにオレンジ色のグレーズを刷毛で塗り、アーモンドのスライスで飾ります。釉薬が固まるまで完全に冷まします。

j) クッキーカッターでケーキをさまざまな形（クリスマスツリー、星、ハート、天使）に切り、トレイに置きます。

68. 花とジャックダニエルのムース

出来上がり量：8 人分

材料

- 6 オンスのビターチョコレート
- 大きな卵 6 個（分離済み）
- コアントローまたはグランマルニエ 大さじ 1
- ホイップクリーム ¾カップ
- チョコレートスプリンクル
- カーネーションまたはその他の小さな花 8 本
- ブランデー

手順

a) 沸騰した湯の上の二重鍋の上部で、チョコレートを溶かします。火から下ろし、冷まします。

b) 卵白を角が立ち、混合物に光沢がありながらも乾燥しないまで泡立てます。それらを脇に置いてください。卵黄をジャックダニエルで軽く泡立てます。

69. マカダミアジャックダニエルのムースパイ

出来上がり量：4 人分

材料

マカダミア C ジャックダニエル B クラストとトッピング

- 細かく刻んだマカダミア粒 1 カップ
- 無漂白中力粉 1 1/4 カップ
- 塩 小さじ 1/8
- 砂糖 1/2 カップ
- シナモン 小さじ 1/2
- 1 スティック無塩バターを溶かし、冷ましておく

マカダミアジャックダニエルフィリング:

- 生クリーム 1 と 1/2 カップ
- 水 1/3 カップ
- 風味のないゼラチン封筒 1 1/2 枚
- 卵黄 4 個
- ジャックダニエル 1/3 カップ
- ライトブラウンシュガー 1/2 カップ
- 刻んでトーストしたマカダミア 1/2 カップ
- 生クリーム 1 カップ（仕上げ用）

手順

a) オーブンを 400 度に予熱します。

b) ジャックダニエルのクラストの場合: ナッツ、小麦粉、塩、砂糖、シナモンをミキシングボウルに入れ、よくかき混ぜます。溶かしたバターを加えてかき混ぜ、混合物がバターを吸収するまでかき混ぜ続けます。指先でこすりながら、混合物を均等な 1/2 〜 1/4 インチの cJack

Daniel'sbs に砕きます。cJack Daniel'sb 混合物の半分を 9 インチの パイレックスパイパンに置き、指先で押してパンに均等に敷きます。残 りの cJack Daniel'sb 混合物をクッキングシート上の 1/2 インチの均 等な層に置きます。生地とジャックダニエルをオーブンの中央のラック で約 20 分間、カリカリとした明るい黄金色になるまで焼きます。生 地とジャックダニエルをラックの上で冷まします。

c) ムースフィリングの場合: 柔らかい角が立つまでクリームを泡立て、冷 蔵庫に保管します。小さめの耐熱ボウルにゼラチンを入れ、水を加 えてふやかします。5 分間浸してから、沸騰したお湯の入った小さな 鍋の上に置き、詰め物を準備しながら溶かします。

d) ゼラチンが溶けたら型から外し、冷まします。

e) 電気ミキサーのボウルまたは別の耐熱ボウルで、卵黄を泡立てます。 ジャックダニエルを入れてから砂糖を入れます。軽く沸騰させた水の 入った鍋の上に置き、とろみがつくまで約 3 分間絶えず泡立てます。 卵黄混合物が熱くなりすぎると、スクランブルが発生する可能性が あります。

f) ボウルを水から取り出し、室温に冷めるまで中速で機械で泡立てま す。溶かしたゼラチンを加えて混ぜ、生クリームと刻んだナッツを加え ます。

g) 冷めたシェルにフィリングを注ぎ、上部を滑らかにします。ラップでゆる く覆い、固まるまで少なくとも 6 時間冷やします。

h) パイの仕上げに、焼き上げたジャックダニエルのチーズをトッピングしま す。または、オプションのクリームを泡立て、ムースの上に半分を広げ、 ジャックダニエルの BS を上に置きます。次に、スターチューブを取り付

けた絞り袋を使って、パイの端に残ったクリームをロゼット状に絞ります。

70. キャラメルジャックダニエルフォンデュ

出来上がり量：12 人分

材料

- 7 オンスのキャラメル
- ミニチュアマシュマロ　1/4 カップ
- ホイップクリーム　1/3 カップ
- ジャック　ダニエル　小さじ　2　杯、またはジャック　ダニエル　エキス 1/4 t

手順

a) 鍋にキャラメルと生クリームを入れて混ぜます。蓋をして溶けるまで 30 〜60 分加熱します。

b) マシュマロとジャックダニエルを加えて混ぜます。

c) 蓋をして 30 分間調理を続けます。

d) リンゴのウェッジまたはパウンドケーキと一緒にお召し上がりください。

調味料

71. <u>ウィンディシティ　ストリートファイターソース</u>

材料

- 18 オンスボトルのバーベキューソース
- ジャックダニエル 大さじ 2
- ウスターソース 大さじ 1
- オールスパイスパウダー 大さじ 2
- ホットカレー粉 大さじ 4
- 万能魚介調味料 大さじ 1
- ハンガリー産スイートパプリカ 大さじ 3
- レモンペッパー 大さじ 1
- マスタードシード（粉砕）大さじ 2

手順

a) 大きな鍋に材料を混ぜ合わせます。

b) 混合物を沸騰させ、その後火を弱めて 10 分間煮ます。食べる前に冷ましてください。

72. ジョーカーソース

材料

- ジャックダニエル 3/4 カップ
- ケチャップ 2 カップ
- トマトペースト 1/4 カップ
- サイダービネガー 1/2 カップ
- リキッドスモーク 大さじ 2
- ウスターソース 1/4 カップ
- ブラウンシュガー 1/4 カップ
- ディルシード（粉砕）大さじ 2
- 無糖ココアパウダー 大さじ 2
- オレガノ 大さじ 1
- 顆粒ビーフブイヨン 大さじ 3
- メース（粉） 大さじ 1
- 黒胡椒 大さじ 2

手順

a) 大きな鍋に材料を混ぜ合わせます。

b) 混合物を沸騰させ、その後火を弱めて 10 分間煮ます。食べる前に冷ましてください。

73. ジャックダニエルの中華ソース

材料

- ケチャップ 1 カップ
- ジャックダニエル 1/2 カップ
- ブラウンシュガー 大さじ 2
- ウスターソース 大さじ 2
- リンゴ酢 大さじ 1
- ホットペッパーソース 1/2 カップ
- シーフード万能調味料 大さじ 2
- 中国の五香粉 大さじ 2
- パセリ 大さじ 2
- ナツメグ 大さじ 2
- 砕いたニンニク 3 片
- オニオンパウダー 大さじ 2
- ローズマリー 大さじ 1
- 黒胡椒 大さじ 2

手順

a) 大きな鍋に材料を混ぜ合わせます。

b) 混合物を沸騰させ、その後火を弱めて 10 分間煮ます。食べる前に冷ましてください。

74. ウィスキーソーセージグレービーソース

材料

朝食用ソーセージ　1 ポンド

中力粉　1/4 カップ

牛乳　2 カップ

ジャックダニエルウイスキー　1/4 カップ

塩とコショウの味

手順

中火にかけたフライパンで、朝食のソーセージを火が通るまで焼きます。

小麦粉をソーセージの上に振りかけ、混ざり合うまでかき混ぜます。

牛乳とジャックダニエルウイスキーを注ぎ、混合物が滑らかになるまで泡立てます。

火を弱め、グレービーソースを 10〜15 分間、またはとろみがつくまで煮ます。

塩とコショウで味を調えます。

温かいままビスケットやトーストにかけてお召し上がりください。

75. ジャックダニエルのマスタード

材料

ディジョンマスタード　1/2 カップ

蜂蜜　1/4 カップ

ジャックダニエルウイスキー　大さじ 2

リンゴ酢　大さじ 1

塩とコショウの味

手順

混合ボウルにすべての材料を入れ、よく混ざるまで混ぜ合わせます。

食べる前に少なくとも 30 分間蓋をして冷蔵庫で冷やしてください。

プレッツェルのディップとして、またはサンドイッチの薬味としてお召し上がりください。

76. ジャックダニエルのチポトレケチャップ

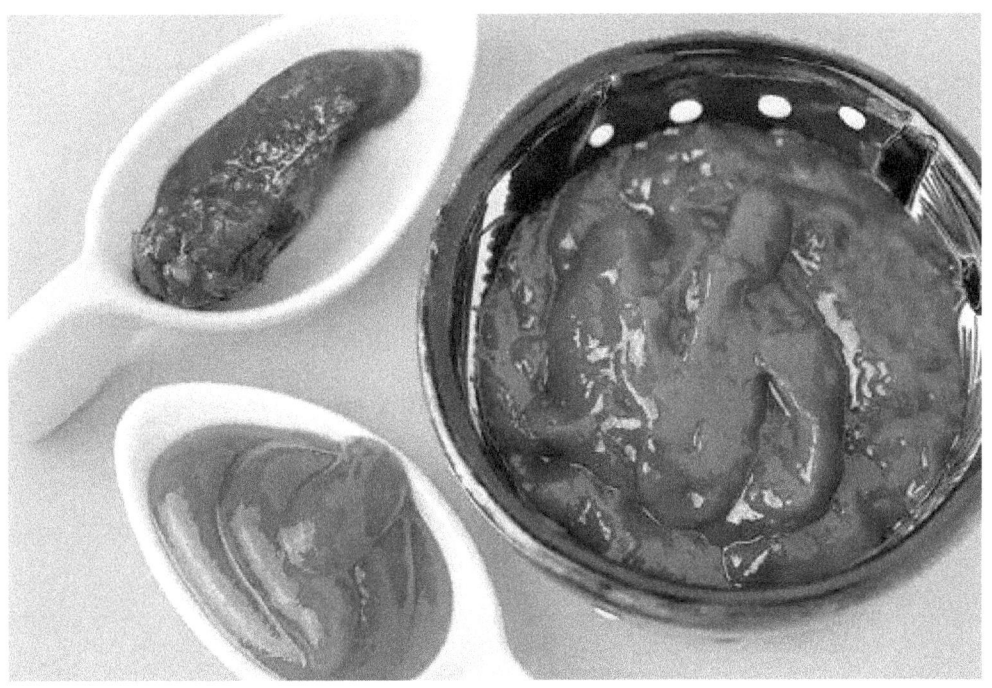

材料

ケチャップ　1 カップ

ジャックダニエルウイスキー　1/4 カップ

アドボソースのチポトレ　大さじ 2

蜂蜜　大さじ 1

塩とコショウの味

手順

混合ボウルにすべての材料を入れ、よく混ざるまで混ぜ合わせます。
食べる前に少なくとも 30 分間蓋をして冷蔵庫で冷やしてください。
ハンバーガーやホットドッグの薬味としてどうぞ。

77. ジャックダニエルのガーリックアイオリ

材料

マヨネーズ　1/2 カップ

ジャックダニエルウイスキー　1/4 カップ

ニンニク　2 片（みじん切り）

レモン汁　大さじ 1

塩とコショウの味

手順

混合ボウルにすべての材料を入れ、よく混ざるまで混ぜ合わせます。
食べる前に少なくとも 30 分間蓋をして冷蔵庫で冷やしてください。
グリルした鶏肉や野菜の薬味としてお使いください。

78. ジャックダニエルのホットソース

材料

ホットソース　1/2 カップ

ジャックダニエルウイスキー　1/4 カップ

蜂蜜　大さじ 2

リンゴ酢　大さじ 1

塩とコショウの味

手順

鍋にすべての材料を入れ、よく混ざるまで泡立てます。

混合物を中火で沸騰させます。

火を弱め、時々かき混ぜながらソースを 5〜10 分間煮ます。

4．火から下ろし、冷ましてからお召し上がりください。

手羽先やリブの薬味として使えます。

79. ジャックダニエルのメープルグレーズ

材料

メープルシロップ　1/2 カップ

ジャックダニエルウイスキー　1/4 カップ

ブラウンシュガー　大さじ 2

醤油　大さじ 1

ディジョンマスタード　大さじ 1

塩とコショウの味

手順

鍋にすべての材料を入れ、よく混ざるまで泡立てます。

混合物を中火で沸騰させます。

火を弱め、時々かき混ぜながらグレーズを 10〜15 分間煮ます。

使用前に火から下ろし、冷ましてください。

ハムやサーモンのグレーズとして使用します。

80. ジャックダニエルのバーベキューラブ

材料

ブラウンシュガー　1/4 カップ

パプリカ　1/4 カップ

ガーリックパウダー　大さじ 2

オニオンパウダー　大さじ 2

チリパウダー　大さじ 2

クミン　大さじ 2

塩　大さじ 1

黒胡椒　大さじ 1

ジャックダニエルウイスキー　1/4 カップ

手順

ミキシングボウルにすべての材料を入れ、よく混ざるまで泡立てます。

密閉容器に入れ、涼しく乾燥した場所に最長　6　か月間保管します。

豚肉や牛肉の乾拭きとしてご使用ください。

81. ジャックダニエルのステーキソース

材料

ケチャップ　1/2 カップ

ジャックダニエルウイスキー　1/4 カップ

ウスターソース　大さじ 2

ディジョンマスタード　大さじ 1

蜂蜜　大さじ 1

リンゴ酢　大さじ 1

塩とコショウの味

手順

鍋にすべての材料を入れ、よく混ざるまで泡立てます。

混合物を中火で沸騰させます。

火を弱め、時々かき混ぜながらソースを 10〜15 分間煮ます。

火から下ろし、冷ましてからお召し上がりください。

ステーキやハンバーグの薬味としてどうぞ。

82. ジャックダニエルのホースラディッシュソース

材料

サワークリーム　1/2 カップ

すりおろしたわさび　1/4 カップ

ジャックダニエルウイスキー　大さじ 1

レモン汁　大さじ 1

塩とコショウの味

手順

ミキシングボウルにすべての材料を入れ、よく混ざるまで泡立てます。

密閉容器に入れて冷蔵庫で最長 2 週間保存できます。

ローストビーフの薬味や野菜のディップソースとしてご利用ください。

83. ジャックダニエルのハニーマスタード

材料

マヨネーズ　1/2 カップ

ディジョンマスタード　1/4 カップ

蜂蜜　1/4 カップ

ジャックダニエルウイスキー　大さじ 2

塩とコショウの味

手順

ミキシングボウルにすべての材料を入れ、よく混ざるまで泡立てます。

密閉容器に入れて冷蔵庫で最長 2 週間保存できます。

チキンサンドイッチの薬味やチキンナゲットのディップソースとしてもお使いいただけます。

84. ジャックダニエルのアイオリ

材料

マヨネーズ　1/2 カップ

ニンニク　1 片（みじん切り）

レモン汁　大さじ 1

ジャックダニエルウイスキー　大さじ 1

塩とコショウの味

手順

ミキシングボウルにすべての材料を入れ、よく混ざるまで泡立てます。

密閉容器に入れて冷蔵庫で最長 2 週間保存できます。

ハンバーガーの調味料として、またはフライドポテトのディップソースとして使用します。

85. ジャックダニエルのビネグレット

材料

オリーブオイル 1/4 カップ

バルサミコ酢 大さじ 2

ジャックダニエルウイスキー 大さじ 2

蜂蜜 大さじ 1

塩とコショウの味

手順

ミキシングボウルにすべての材料を入れ、よく混ざるまで泡立てます。

密閉容器に入れて冷蔵庫で最長 1 週間保存できます。

サラダのドレッシングやグリル野菜のマリネとしてもお使いいただけます。

86. ジャックダニエルのタルタルソース

材料

マヨネーズ　1/2 カップ

スイートピクルスレリッシュ　大さじ 2

ジャックダニエルウイスキー　大さじ 1

レモン汁　大さじ 1

塩とコショウの味

手順

ミキシングボウルにすべての材料を入れ、よく混ざるまで泡立てます。

密閉容器に入れて冷蔵庫で最長 2 週間保存できます。

魚のフライの薬味やエビのディップソースとして使用します。

87. ジャックダニエルのクランベリーソース

材料

新鮮なクランベリー　12 オンス

砂糖　1/2 カップ

オレンジジュース　1/2 カップ

ジャックダニエルウイスキー　1/4 カップ

シナモンスティック　1 本

手順

鍋に材料をすべて入れて混ぜ、中火にかけて沸騰させます。

火を弱め、クランベリーがはじけてソースが濃くなるまで、時々かき混ぜながら10〜15 分間煮ます。

火から下ろして冷まします。

密閉容器に入れて冷蔵庫で最長 1 週間保存できます。

ローストターキーの調味料として、またはトーストのスプレッドとして使用します。

88. ジャックダニエルのキャラメルソース

材料

ブラウンシュガー　1 カップ

生クリーム　1/2 カップ

バター　1/4 カップ

ジャックダニエルウイスキー　大さじ 2

ひとつまみの塩

手順

鍋にブラウンシュガー、生クリーム、バターを入れて混ぜ、中火にかけて沸騰させる。

火を弱め、時々かき混ぜながらとろみがつくまで 5〜7 分間煮ます。

火から下ろし、ジャックダニエルウイスキーと塩を加えてかき混ぜます。

食べる前にソースを数分間冷ましてください。

密閉容器に入れて冷蔵庫で最長 2 週間保存できます。

アイスクリームのトッピングや、スライスしたリンゴのディップとしてご利用ください。

89. ジャックダニエルの BBQ ソース

材料

ケチャップ　1/2 カップ

ジャックダニエルウイスキー　1/4 カップ

ブラウンシュガー　大さじ 2

ウスターソース　大さじ 2

リンゴ酢　大さじ 1

ガーリックパウダー　小さじ 1/2

塩とコショウの味

手順

鍋にすべての材料を入れ、よく混ざるまで泡立てます。

混合物を中火で沸騰させます。

火を弱め、ソースが濃くなるまで時々かき混ぜながら 10〜15 分間煮ます。

火から下ろして冷まします。

密閉容器に入れて冷蔵庫で最長 2 週間保存できます。

グリルした肉のマリネやハンバーガーの薬味としてもお使いいただけます。

ドリンクとカクテル

90. サフラン・オールド・ファッションド

材料

- 2 オンスのジャックダニエル
- アロマティックビターズ 2 ダッシュ
- サフランシンプルシロップ 1/4 オンス
- 飾り用のオレンジの皮 1 個
- 1 ルクサルドチェリー（飾り用）

手順

a) サフランシンプルシロップ、ジャックダニエル、ビターズをオールドファッションドグラスに加え、20 秒間ゆっくりとかき混ぜます。

b) 大きな氷を 1～2 個加え、飲み物が冷えるまでさらに数回かき混ぜます。

c) オレンジピールをドリンクの上にひねります。皮とチェリーでドリンクを飾ります。

91. ジャックダニエルのボバカクテル

作る：カクテル 1 杯

材料

- 0.75 オンスのコーヒーリキュール
- 1 1/2 オンスのジャックダニエル
- 全乳　3 オンス
- 黒砂糖シンプルシロップ　1 オンス
- バニラエッセンス　1 ダッシュ
- タピオカ　大さじ 2

手順

a) パッケージの指示に従ってタピオカを準備し、冷ましてください。

b) その間に、黒砂糖 1 カップと水 1 カップを混ぜて黒糖シロップを作ります。

c) 黒砂糖が見つからない場合は、黒砂糖でも大丈夫です。継続的にかき混ぜながら、砂糖が溶けるまで混合物を中強火で最大 10 分間煮ます。冷ますために脇に置きます。

d) 冷めたらタピオカとシュガーシロップを混ぜ合わせます。大さじ 2 杯のシロップ状のボバパールをグラスに加えます。

e) コーヒーリキュール、ジャックダニエル、全乳、バニラエッセンスを氷と一緒にカクテルシェーカーに入れ、冷たくなるまでシェークします。

f) ボバパールを濾してグラスに注ぎ、軽くかき混ぜ、ボバストローを添えてお召し上がりください。

92. スパークリングパンプキンパイカクテル

出来上がり量: 2 人分

材料
- 2 オンスのジャックダニエル
- 1/2 オンスのレモン汁
- かぼちゃピューレ 大さじ 1
- 氷
- 4 オンスのスパークリングアイスクリスプアップル
- ホイップクリーム
- パンプキンパイスパイスをふりかける

手順
a) ジャックダニエル、レモン汁、カボチャピューレを氷と一緒にカクテルシェーカーに注ぎ、シェイクします。
b) ロックグラスに濾し、スパークリングアイスクリスプアップルを浮かべます。
c) その上にホイップクリームとパンプキンパイスパイスを振りかける

93. バジル・ハラペーニョ・ケフィア・カクテル

出来上がり量：1 食分

材料

- フレッシュバジルの小枝
- 新鮮なハラペーニョ スライス 2〜6 枚
- パイナップルジュース 2 オンス
- ジンジャーウォーターケフィア 2 オンス
- 1 1/2 オンスのジャックダニエル
- マティーニシェーカー
- 氷

手順

a) パイナップルジュース、ジンジャーウォーターケフィア、オプションのジャックダニエルを氷と一緒にシェーカーに入れ、転がすか軽く振って混ぜ合わせます。

b) グラスにいくつかの立方体を入れ、ハラペーニョとバジルを置き、グラスに注ぎます。

c) 提供して楽しんでください!!

94. ジャックダニエルアイスティー

1 ドリンク分

材料

- 1 ショット　ジャックダニエル
- アイスティー無糖またはレモン風味　1/2　カップ
- スライスしたレモン　2 枚

手順

a)　レモンを薄くスライスし、各グラスに半分のレモンを入れるだけです。

b)　各グラスにジャック　ダニエルのショットを追加します。氷を入れて、アイスティーで仕上げます。好みの味に合わせてお茶の割合を調整できます。

95. ティラミス・ジャックダニエルカクテル

作る：1

材料

- 1 1/2 オンスのコールドブリューコーヒーリキュール
- 1 オンスのジャックダニエル
- シナモンシロップ 1/4 オンス
- 1/2 オンスのアクアビット
- 飾り：ホイップクリームとココアパウダー

手順

a) すべての材料を氷の入ったカクテルシェーカーに加え、激しくシェイクします。

b) クープグラスに濾し、ホイップクリームフロートをトッピングします。

c) ココアパウダーを飾ります。

96. ジャックダニエルのピーチスムージー

材料

冷凍桃　1 カップ
プレーンギリシャヨーグルト　1/2 カップ
アーモンドミルク　1/2 カップ
蜂蜜　大さじ 2
ジャックダニエルウイスキー　大さじ 1
アイスキューブ

手順

冷凍桃、ギリシャヨーグルト、アーモンドミルク、蜂蜜、ジャックダニエルウイスキーをブレンダーに加えます。

滑らかになるまでブレンドします。

角氷を加え、希望の粘稠度に達するまで再度ブレンドします。

グラスに注ぎ、すぐにお召し上がりください。

97. ジャックダニエルのバナナスムージー

材料

熟したバナナ　1 本
バニラギリシャヨーグルト　1/2 カップ
アーモンドミルク　1/2 カップ
蜂蜜　大さじ 2
ジャックダニエルウイスキー　大さじ 1
アイスキューブ

手順

バナナ、ギリシャヨーグルト、アーモンドミルク、蜂蜜、ジャックダニエルウイスキーをブレンダーに加えます。

滑らかになるまでブレンドします。

角氷を加え、希望の粘稠度に達するまで再度ブレンドします。

グラスに注ぎ、すぐにお召し上がりください。

98. ジャックダニエルのブルーベリースムージー

材料

冷凍ブルーベリー　1 カップ

バニラギリシャヨーグルト　1/2 カップ

アーモンドミルク　1/2 カップ

蜂蜜　大さじ 2

ジャックダニエルウイスキー　大さじ 1

アイスキューブ

手順

冷凍ブルーベリー、ギリシャヨーグルト、アーモンドミルク、蜂蜜、ジャックダニエルウイスキーをブレンダーに加えます。

滑らかになるまでブレンドします。

角氷を加え、希望の粘稠度に達するまで再度ブレンドします。

グラスに注ぎ、すぐにお召し上がりください。

99. ジャックダニエルのチョコレートスムージー

材料

冷凍バナナ　1 本
プレーンギリシャヨーグルト　1/2 カップ
アーモンドミルク　1/2 カップ
蜂蜜　大さじ 2
ジャックダニエルウイスキー　大さじ 1
ココアパウダー　大さじ 1
アイスキューブ

手順

冷凍バナナ、ギリシャヨーグルト、アーモンドミルク、蜂蜜、ジャックダニエルウ
イスキー、ココアパウダーをブレンダーに加えます。
滑らかになるまでブレンドします。
角氷を加え、希望の粘稠度に達するまで再度ブレンドします。
グラスに注ぎ、すぐにお召し上がりください。

100. ジャックダニエルのストロベリースムージー

材料

冷凍イチゴ　1 カップ

バニラギリシャヨーグルト　1/2 カップ

アーモンドミルク　1/2 カップ

蜂蜜　大さじ 2

ジャックダニエルウイスキー　大さじ 1

アイスキューブ

手順

冷凍イチゴ、ギリシャヨーグルト、アーモンドミルク、蜂蜜、ジャックダニエルウ
イスキーをブレンダーに加えます。

滑らかになるまでブレンドします。

角氷を加え、希望の粘稠度に達するまで再度ブレンドします。

グラスに注ぎ、すぐにお召し上がりください。

結論

ジャックダニエルは、幅広い料理に独特の風味を加えることができる多用途の食材です。肉のマリネとして使用したり、ソースに加えたり、お酒を楽しむデザートを作るために使用したり、この人気のジャック ダニエルを料理に組み込むおいしい方法は無数にあります。ジャック ダニエルの独特のスモーキーな風味は、どんな料理にも深みと複雑さを加え、シェフや家庭料理人に同様に好まれています。そこで、これらのレシピのいずれかを試してみて、料理にジャック ダニエルがどれだけおいしいかを自分の目で確かめてみてはいかがでしょうか。

Milton Keynes UK
Ingram Content Group UK Ltd.
UKHW020713310723
426074UK00018B/1204